『 治国良臣 』系列

足智多谋

晏婴

姜正成◎编著

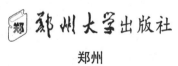

郑州大学出版社

郑州

图书在版编目（CIP）数据

足智多谋——晏婴 / 姜正成编著 . —郑州：郑州
大学出版社，2018.1
（治国良臣）
ISBN 978-7-5645-4242-9

Ⅰ . ①足… Ⅱ . ①姜… Ⅲ . ①晏婴（？ – 前 500）
– 传记 Ⅳ . ① B225

中国版本图书馆 CIP 数据核字（2017）第 078747 号

郑州大学出版社出版发行

郑州市大学路 40 号　　　　　　邮政编码：450052
出版人：张功员　　　　　　　　发行部电话：0371-66658405
全国新华书店经销
虎彩印艺股份有限公司印刷
开本：710 mm×1 000 mm　1/16
印张：16.25
字数：218 千字
版次：2018 年 1 月第 1 版　　　印次：2018 年 1 月第 1 次印刷

书号：ISBN 978-7-5645-4242-9　定价：43.80 元
本书如有印装质量问题，请向本社调换

前言

　　晏子，名婴，字平仲，春秋末期齐国夷维（今山东高密）人。生年不详，卒于齐景公四十八年（前500）。晏婴是先秦时代著名的思想家、政治家、外交家。他历事齐灵公、齐庄公、齐景公，尽忠极谏，机敏善辩，政绩卓著，是继管仲之后，齐国历史上又一位有名的贤相。

　　据史书记载，晏婴身材矮小，"长不满六尺"，但他最终"身相齐国，名显诸侯"。晏婴生活于春秋末期，一方面，周天子的权力日渐衰落，诸侯之间战争频繁；另一方面，齐国自从管仲死后，齐桓公晚年昏庸，他的五个儿子为争夺王位而自相残杀，导致齐国内乱和此后政局长期不稳定。

　　晏婴前后辅佐三位君主，虽然最终得到重用，但也受到过一些人的猜忌。齐国大夫高昭子曾经问他说："子事灵公、庄公、齐景公，皆敬子，三君之心一耶？夫子之心三耶？"晏婴回答说："婴闻一心可以事百君，三心不可以事一君。故三君之心非一也，而婴之心非三也。"可见晏婴正是以同样的一颗忠心来对待这三位君主的，因而才能始终得到信任。

　　晏婴是以善谏而著称的。有一次，齐景公一匹心爱的马病死了，齐景公大怒，要治马夫之罪。晏婴对齐景公说："这人不知道自己犯了什么罪而死，让我为您教训他一番，让他知道自己的罪过，再送去监狱治罪。"齐景公同意后，晏婴就对那个人说："你有三大罪状：国君命你养马，你却让马病死了，这是死罪之一；你养死的又是国君最心爱的马，这是死罪之二；你让国君因为一匹马的缘故而杀人，百姓听说后必然要怨恨我们的君主，诸侯听说后必然会轻视我们国家。

你让国君的马病死，使老百姓对国君积下了怨恨，我们的军队也要被邻国打败，这是死罪之三。"齐景公听了长叹一声说："请您放了他吧，不要因此而损伤了我仁爱的德行。"

还有一次，齐景公因晏婴的住宅靠近集市，要给他换一处住所，被晏婴拒绝。齐景公又笑着问："你住的房屋靠近集市，你知道什么东西贵，什么东西便宜？"晏婴回答说："假肢贵而鞋子便宜。"原来齐景公滥施刑罚，常把犯人的脚砍下来，所以装假肢的人很多。齐景公明白了晏婴的意思，从此减省了刑罚。

晏婴还以在外交活动中机智善辩而著称。他曾经多次出使晋、鲁、吴、楚等国，每次都能机智应对，不辱使命。

总之，齐景公在晏婴的辅佐下，由于客观的原因，齐国虽没有称霸天下，但是无论内政外交在列国中都仍处在强势地位，保持了数十年稳定的局面。

晏婴对后世的影响是很大的。墨子继承并发展了晏婴的学说，创立了墨家学派。晏婴的许多言行和思想，如尚贤、节用、节葬、非儒、非乐、明鬼神之事、反对不义之战等，都被墨家学派继承和发展，几乎成为其主导性思想。所以，唐代柳宗元在《辩晏婴春秋》中，甚至提出应将晏婴列为墨家。

近三千年过去了，晏婴的形象依然高大、清晰，让人肃然起敬。

目 录

 晏子生活的时代

晏子生活的时代，齐国已不复齐桓公时的辉煌。当时正是各国相继变法改革的时期，而齐国却内乱不断，不能在政治经济上有所作为。在此期间，有鲁国的初税亩、作丘甲，晋国的作六军，晋、楚、吴崛起争霸。齐国却多次发生公族之间、公室与卿大夫之间的残杀事件，国内政局动荡，民不聊生。崔庆之乱，使"齐国之大家几尽矣"，加速了政权的下移，姜齐政权已如江河日下。田氏家族正在崛起，晏婴对齐景公直言不讳，说将来齐国将归田氏。

姜齐政权之所以还能在风雨飘摇的局势中苟延残喘，主要是因为齐国还有为这个没落政权而努力支撑的人，晏婴便是其杰出的代表，他以出色的政治才干勉力维持着姜齐政权。

第一章 晏子小传

晏子，名婴，字平仲，春秋末期齐国夷维（今山东高密）人。晏婴历任齐灵公、齐庄公、齐景公三朝的卿相，辅政长达五十余年。周敬王二十年（前500），晏婴病逝。孔子曾赞曰："救民百姓而不夸，行补三君而不有，晏婴果君子也！"

第二章 以礼治国

晏子主张以礼治国。一次齐景公与大臣饮酒，酒兴正浓时，齐景公说："今天愿与各位大夫开怀畅饮，请不必拘于礼节。"晏婴听后愀然变色，赶紧向齐景公指出这是不对的，礼节是不能不要的。齐景公背过脸去不听。

过了一会，齐景公出去，晏婴安坐不动，齐景公进来时，晏婴也不起立；大家一齐举杯，晏子却先把酒喝了。齐景公气得变了脸色，强压怒火注视着晏婴说："刚才您还在教训我礼节是不可不要的，可是我出去进来您都坐着不动，大家一起举杯，您却先把酒喝了，这就是您所说的礼节吗？"

晏婴离席叩拜之后对齐景公说："我对国君所说的话怎么敢忘记呢？我不过是把不讲礼节的实况演示出来罢了。国君如果不要礼节，就是这个样子。"齐景公这才醒悟，表示听从晏婴的教诲，从此整饬法令、修订礼仪以治理国政，于是百姓也都规矩起来。

目 录

第四章 宽政爱民

"仁"是儒家的执政理念，晏婴不是儒家，但他也把"仁"作为施政的中心内容。他坚持认为"意莫高于爱民，行莫厚于乐民"。遇有灾荒，国家不发粮救灾，他就将自家的粮食分给灾民救急，然后劝谏君主赈灾，深得百姓爱戴。对外则主张与邻国和平相处，不事挞伐。齐景公要伐鲁国，他劝齐景公"请礼鲁以息吾怨，遗其执，以明吾德"，齐景公"乃不伐鲁"。

庄公被权臣崔杼杀死，晏婴闻讯而来，停在崔府外沉思。随从问他："您是否准备以死殉之？"这是当时为人称道的忠君行为。晏婴却摇头道："不。君主是为私事而死，我为何要去死！"随从想到了出逃，这在当时也是常见的，此举意味着出走者对失国负有责任。晏婴对此也断然否定："不。这难道是我的过错吗？我为何要出走逃亡！"随从无奈道："那么，这就回家如何？"晏婴不允。

只见他迈步径直进了崔家，托起庄公，抚尸恸哭。之后，他起身行过三跳之礼，整整衣冠，移步离去。晏婴遵循的原则是：国君已死，臣子尽到礼节后，应去做更重要的事。

目 录

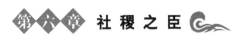

第六章 社稷之臣

晏婴陪侍在齐景公身边，适逢早晨冷，齐景公对他说："给我送点热食来吧。"

晏婴回答他说："晏婴不是供奉饮食的臣仆，请允许我不去做这种事。"

齐景公又说："给我拿件皮衣来吧。"

晏婴答道："晏婴不是服侍起居的臣仆，请允许我不去做这种事。"

齐景公问："既然是这样，那么先生对于寡人来说究竟是干什么的呢？"

晏婴答："晏婴么，乃是国家社稷的大臣。"

齐景公问："什么叫国家社稷的大臣？"

晏婴告诉他："举凡国家社稷的大臣，必定是能够树立国家社稷的威望，区分出上下之间应当遵守的礼仪，使之符合固有的道理；控制住文武百官的位次，使之符合固有的规矩；草拟出应对的言辞，可以传播到四面八方的各个国家。"

第七章 谦恭下士

晏婴在路上遇到一个落魄的士人，名叫越石父，便为他赎身，让他随自己回家。到了府门口，晏婴没有打招呼就进去了。越石父生气了，当即要求断绝关系，晏婴很奇怪。越石父说："我听说，士人在不知己的人那里会遭到委屈，在知己的人那里会得到伸扬，而有道德的人既不会因为有功于人就轻视别人，又不会因为别人有功就委身别人的道理。我三年来给人当奴隶，就是由于没有人能了解我。如今你把我赎出来，我本以为你是了解我的。但前些时候你乘车而去，不向我告辞，我还以为你是忙中忘记了。今天又是不辞而入，这就同把我当奴隶的人一样了。我既然还是一个奴隶，那就请把我带到别处去卖掉吧！"

晏婴从府里出来，当面向他道歉："以前我只看见了你的外表，如今才真看出了你的心志。请你给我改正的机会。"说完后马上下令洒扫除尘，撤几改筵，摆出丰盛的酒席，采用隆重的仪式，对越石父以礼相待。

晏婴入朝，乘着破旧的小车，驾着迟钝的劣马。齐景公见这个样子，对他说："先生的俸禄少了吗？为什么乘坐这样令人不堪的车呢？"晏婴答道："多赖主上的恩赐，我可以靠它们保养自己的三族，还有国内的游士们，也都赖以维持生计。微臣只要有暖和的衣服，饱腹的食物，即使是乘破车驾劣马，但能奉养自身，对微臣来说就很满足了。"

晏婴出宫后，齐景公派梁丘据给他送去辂车和四匹马，送去三次都被退回来，无论如何不接受。

第九章 虚怀若谷

晏婴为父亲晏桓子守丧，穿着粗麻布做成的丧服，腰间系着麻带，手执丧杖，脚穿草鞋，每天以粥为食，居住在倚庐里，睡草席，用草做枕头。他的家臣说："这不是大夫丧父的礼仪。"

晏婴说："只有卿才是大夫。"他谦称自己不是大夫，所以为父守丧。

曾子将这件事告诉孔子，孔子说："晏婴可以说是远离祸害呀。不用自己的正确来驳斥别人的错误，而是用谦逊的言辞来避免别人的责备，真是有道义啊！"

晏婴生性乐观，对生死淡然视之。他说人都是要死的，不论仁者、贤者、贪者、不肖者概莫能外，因此从来不患死、不哀死，把生老病死看做是自然规律，他始终保持从容通达的心境。

晏子评孔子

　　鲁国的孔子曾到齐国晋见齐景公，齐景公想赐给孔子封地，征询晏婴的意见。晏婴立即表示反对，说："孔子盛容饰，繁登降之礼、趋详之节，累世不能殚其学，当年不能究其礼。君欲用之以移齐俗，非所以先细民也。"最终使齐景公改变了想法，"厚其礼而留其封，敬见不问其道"。在这里，晏婴之所以不同意重用孔子，是因为他从实际出发，认为孔子的政治主张不适用于齐国。

目

录

第一章

晏子生活的时代

晏子生活的时代，齐国已不复齐桓公时的辉煌。当时正是各国相继变法改革的时期，而齐国却内乱不断，不能在政治经济上有所作为。在此期间，有鲁国的初税亩、作丘甲，晋国的作六军，晋、楚、吴崛起争霸。齐国却多次发生公族之间、公室与卿大夫之间的残杀事件，国内政局动荡，民不聊生。崔庆之乱，使『齐国之大家几尽矣』，加速了政权的下移，姜齐政权已如江河日下。田氏家族正在崛起，晏婴对齐景公直言不讳，说将来齐国将归田氏。

姜齐政权之所以还能在风雨飘摇的局势中苟延残喘，主要是因为齐国还有为这个没落政权而努力支撑的人，晏婴便是其杰出的代表，他以出色的政治才干勉力维持着姜齐政权。

齐国衰落

齐桓公雄才大略，在管仲的辅佐下建立了骄人霸业，使齐国成为当时最强大的国家。然而，齐国自桓公去世后，发生了数十年的争夺君位的斗争，即五子争位，使得齐国的霸主地位完全丧失。晋楚两国强势崛起，成为争霸中原的主角。

此时晋国是中原的头号强国。虽然楚国自城濮之战后，其向北方发展的势头受到扼制，但它转而向东发展，着力吞并东方小国，国力不断增强。齐惠公三年（前606），楚庄王攻伐陆浑之戎，率军北上，在周王疆域之内横行无忌，并向周王室询问九鼎的大小轻重，但此时楚国的国力还不足以称霸中原，最后只得退回。而秦国为晋国所阻，暂时无力向中原发展。中原地区便成了晋楚争霸的战场。齐顷公时，楚庄王打败晋国，称霸诸侯。齐国虽然失去了霸主的地位，但其国力依然不可小视，仍然是诸侯争霸过程中一个举足轻重的砝码。

齐桓公的霸业对其后世子孙具有无穷的魅力，它就像海市蜃楼一样吸引着他们不断地求索。齐惠公去世后，齐顷公即位，齐顷公一改其父的作风，又按捺不住心中炽烈的称霸欲望。他对晋国高居霸主地位的现状很不服气，对诸侯听命于晋国无法忍受。齐顷公三年（前596），他便指挥军队讨伐莒国，以教训它倚仗着晋国的庇护而藐视齐国。齐顷公七年（前592），晋国郤克到齐国约会，齐顷公竟将对晋国的不服发泄到使者身上，将郤克大肆戏弄一番，郤克大怒，并誓报此仇。晋国对齐国的无礼也很不满，当齐顷公命高固、晏弱（晏婴之父）、蔡朝、南郭偃去赴会时，除高固中途逃归外，晏弱等均被晋国拘捕，幸亏楚国亡臣苗贲皇劝说晋侯道："齐国国君因害怕晋国的无礼对待，所以不敢来参加会盟，而命令晏弱等前来，他们也知道定会遭到拘捕，但他们抱定了宁肯受侮辱，也不使两国国君断绝友谊的信念而来，如果将他们拘捕，就会让那些逃归的人有话可说，让参加会盟的人受到伤害，让诸侯恐惧。"晋侯听他说的有道理，便放松了对晏弱等人的监管，让他们逃归齐国。

齐顷公虽有争霸之心，但对晋国还是心存畏惧的。齐顷公八年（前591）春，晋侯与卫太子臧联合伐齐，齐顷公见势不妙，亲自去会见晋侯，并派公子强为质于晋。但齐顷公并没有因此而善罢甘休，又与楚国结盟。鲁国对齐、楚结盟深感忧虑，正如臧宣叔所言："齐、楚结盟，我们鲁国与晋国也刚刚结盟，晋、楚正争盟主，齐军一定要攻伐我们。晋国虽然也会因此而讨伐齐国，但楚国人也一定来援救齐国，这样，势必是齐、楚共同攻伐于我们。"

正如臧宣叔所言，齐顷公十年（前589），齐军侵伐鲁国，并将龙地包围。齐顷公的宠嬖卢蒲在战斗中被龙人活捉。齐顷公与龙人商量，只要不杀卢蒲，彼此便可结盟休战，龙人不但不听，反而将其杀死挂在城墙上。齐顷公见状大怒，亲自擂鼓，齐军将士勇猛爬墙攻城，连攻三

鞍之战

天，将龙地攻克，并向南攻至巢丘，向北侵略卫国。鲁、卫大夫往晋求救，晋侯遂派郤克率军前来救援，齐、晋两国终于暴发了鞍之战，齐军大败，齐顷公也差点儿被俘。

齐顷公只好派国佐对晋国施行贿赂，归还鲁、卫侵地以求和，郤克不听，道："一定要以萧同叔子为人质，将齐国的地垄改为东西向，才可以和解。"国佐不卑不亢地说：萧同叔子不是别人，她是齐国国君的母亲，若按对等关系而论，那也是晋侯的母亲，而你却发布命令，让人家的母亲为质，这是以不孝令诸侯；先王疆理天下万物是因地制宜，以广收其利；你却命令将地垄一律向东，只以你们的兵车方便为利，不顾土地情况，是违反祖训的。最后，国佐又表示晋国一旦逼人太甚，齐国也不惜背水一战。

反而是鲁、卫两国害怕了，劝郤克说，齐国对他们一定恨之入骨，另外，你获得了国佐的贿赂，他们也得到了侵地，解除了祸患，他们觉得很荣耀。齐、晋两国是由天意安排，霸主也不一定总是晋国。郤克终于答应了齐国的求和。齐顷公经过这次打击后，便断绝了一切非分之想，对霸主晋国也开始敬畏起来，并亲自去朝见晋侯以结盟好，而且要尊奉晋侯（齐景公）为王，晋侯不敢接受。齐顷公朝晋归来，悔过自新，对内驰放苑囿之禁、薄赋税、问疾抚孤。对外宾服晋国，厚礼诸侯，百姓悦服，诸侯不敢犯，齐国又走上和平发展的道路。

齐顷公十七年（前582），齐顷公姜无野去世，子姜环嗣位，是为齐灵公。

灵公昏庸

齐灵公是个色厉内荏、昏聩愚鲁的人。据《晏婴春秋》记载：他曾喜欢让宫女像男人一样的打扮起来，因此国都内的妇女都穿起男装。他又觉得太不像话，就让官吏下令禁止："凡是女扮男装的，撕破她的衣服，扯断她的腰带。"尽管如此，还是屡禁不止，齐灵公很是纳闷，便问晏婴。晏婴回答说："您允许宫内妇女穿男装，却又在国都内禁止，这就好像门外挂牛头，店内卖马肉呀！您只要不让宫内的妇女穿，外边的谁敢再穿？"齐灵公按计而行，果然灵验。但也说明了齐灵公的无聊昏庸。

由于齐灵公狂妄自大挑起了齐、晋间的战争。他先是听信谣言，后又被晋军的迷魂阵吓倒，遂仓皇逃跑。当晋军追击并围困都城临淄时，他竟要弃城远走邮棠。如果国君逃走，国都便会随即落入晋军之手，这对齐国的打击是致命的。于是太子与郭荣拦住他的马车，劝道："晋军进军速度很快，表明他们只是为了抢掠。估计他们不久将会撤退，国君何必害怕！而且国君是社稷之主，不可轻率行动，一旦轻举妄动，将会失去民心，望国君留在国都。"齐灵公逃命心切，对他们大发雷霆，太子只好拔剑将齐灵公的马脖子上的皮套子砍断，齐灵公无奈留下，果然晋军很快退却了。

灵公灭莱

齐灵公当政期间的所作所为十分可笑，但对于齐国来讲，他并非一无是处，因为齐国在他当政期间将其附庸莱国灭掉了。

莱国为齐国的邻国，并在临淄附近。莱族比较集中的地方，在潍淄流域和胶东地区，这一带也是莱国主要的区域。淄水一带是莱人居住的区域，临淄滨临淄水，所以莱国认为此地为他们的地盘，于是就同姜太公发生了争夺营丘之战，齐、莱之间的战争便连绵不断。在胶东地区，莱国延伸至掖县、高密、平度、黄县等地，可见莱国面积之广大。

莱国的畜牧业很发达，有人认为莱国的得名与当地草莱丛生有关。当时的潍淄流域，草莱丛生，是莱族人的天然牧场，因此，当莱国受齐国攻伐时，曾以自己的马、牛贿赂齐军，便是其畜牧业发达的表现。莱国的手工业也很先进，善于冶铁。齐灵公曾命功臣叔夷管理莱地的陶铁徒四千人，足见莱地冶铁规模之大。在染织方面，莱人掌握着较先进的技术，染织的产品曾因物美价廉而使染料的供应紧张。莱人的音乐艺术也独具特色，在齐、鲁夹谷之会上，齐景公就命令莱人演奏乐舞。

莱国的疆域广大，而且手工业、畜牧业、文化艺术方面比较先进，因此其势力是较强的，曾一度控制营丘以东一带地区，所以不甘心营丘为姜太公所有，为此与姜太公七次交战。齐国要往东扩张领土，必须先以莱国为目标。姜太公取得营丘争夺战的胜利后，齐国后世的国君便不断对莱国发动攻势。在《管子》一书里，屡屡看到齐桓公攻莱的记载。后来齐国在齐惠公七年（前602）与鲁国联合伐莱。这说明莱国的国力还比较强大。但到齐灵公时，齐、莱之间的实力对比发生了根本性变化，莱国已经彻底成为齐国的附庸。

昏庸愚鲁的齐灵公对中原霸主的位置仍有窥探的野心，故对晋国的命令拒不执行。齐灵公九年（前573），楚共王与郑成公联合楚、郑两国军队攻打宋国，并攻克了彭城（今江苏徐州），宋国华元到晋国告急求救。晋国便会同宋、鲁、卫、曹、莒、邾、滕、薛等国军队包围彭城，并很快将其攻克。齐国拒绝晋国的召会，没有参加这次军事行动，晋悼公对齐国不派军队异常愤怒。彭城投降后，迅速移兵齐国，讨伐它不参加联合行动的举动。齐灵公见势头不妙，忙将太子光送到晋国做人质，并同晋国讲和。齐灵公见自己在诸侯国中的势力太孤单，企图在诸侯国中争霸已毫无可能性，便将注意力放在消灭莱国的战略目标上。春秋无义战，齐灵公灭莱的战役正是这一现象的反映。

齐灵公十五年（前567），齐灵公发动了吞并莱国的战争。面对齐国的军事进攻，莱国完全处于被动挨打的地位。晏弱已在东阳筑起城垒，将莱国包围。四月，在莱国国都周围堆起了土山，紧挨着女墙。十七日，齐军进入莱国都城，莱共公浮柔逃亡到棠地。正舆子、王湫逃亡到莒国，莒国人将其杀死。陈无宇（齐国大夫，即田无宇，谥号桓子）把缴获来的莱国宗庙里的宝器献于襄宫。

晏弱则率领齐军继续追击，将莱共公浮柔逃奔的棠邑包围。十二月初十将莱国彻底消灭，并将莱国的百姓迁移到郳地，以便集中统一管理。由高厚、崔杼主持划定、分配了莱国的土田。

灭莱胜利后，齐灵公对灭莱有功的人进行大规模的封赏，叔夷在这次战役中的功劳最大，便将莱地赏赐给他，同时赐给他二百五十户莱地的百姓为他的臣仆。

齐灵公灭莱后，广大的莱国领地成了齐国的领土，齐国的疆域因此扩大一倍以上。大量的受过莱夷土著文化影响的莱人成为齐国的国民，使得齐国的政治、经济、文化、科技等方面更加丰富多彩。

兵败平阴

齐灵公二十三年（前559），周灵王派刘夏出使齐国，并赐给齐灵公符命道："当年伯舅太公曾辅佐我周朝先王，成为周王室的股肱之臣、周王室的国师，世代称之为太师，并封之于东方海滨之地。周王室的纲纪之所以能够至今维持而没被破坏，全是伯舅太公的功劳。现在，我命令你继承伯舅太公的遗典，继承你祖先的优良传统，将你祖先的业绩更加发扬光大，努力吧，不要忘记我的命令！"

齐灵公见周王室对自己如此器重，不觉心花怒放，不由地又萌发了取晋国中原霸主地位而代之的念头。

齐灵公二十四年（前558），周王派遣大夫刘长到齐国迎娶王后，雄心勃勃的齐灵公更加抑制不住自己称霸的愿望。要想称霸，先要制服自己的邻国鲁国，齐灵公随即连连向鲁国用兵。

齐灵公二十五年（前557），晋平公在溴梁（河南温县地）组织会盟，齐灵公不去而派高厚参加会盟，晋平公与诸侯在温地举行宴会时，命令诸大夫舞蹈助兴，并说："唱诗一定要与舞蹈相配。"齐国高厚的诗与其舞蹈不相配，晋国大夫们对高厚的举动十分恼火，并且猜到齐国也有图霸的想法了，于是让诸大夫与高厚结盟宣誓，高厚竟偷偷逃走。

其他参加盟会的大夫们宣誓道："一起讨伐不敬盟主的人！"

齐灵公二十七年（前555），齐国出于称霸的野心，又出兵攻打鲁国。晋平公便会合鲁、宋、卫、郑、曹、莒、邾、滕、薛、杞、小邾等国在鲁济（当时，齐、鲁两国以济水为界，在北为齐济，在南为鲁济）会盟，重申溴梁之盟，共同兴师对齐国实行讨伐。

齐灵公忙组织设防抵抗，在平阴南面的防门外修筑了深沟预备固守。诸侯联军进攻防门，齐军士兵战死无数。范宣子又制造谣言说："鲁国和莒国都请求各自以战车千乘经它们两国进攻齐国，晋平公已经答应他们的建议了。"齐灵公听到这个消息，吓得魂飞魄散。

晋国还到处布置疑兵，即使是军队达不到的地方也一定树起大旗布置稀疏的战阵。让战车左边坐上真人而右边放上假人，用大旗为前导，战车后面拖上木柴以便扬起灰尘。齐灵公登上巫山瞭望，被晋军的假象吓得目瞪口呆，命令军队连夜逃走。晋军乘胜追赶，一直追到齐国都城临淄，并包围攻打。齐灵公见势不妙，决定弃城逃走，太子再三劝阻，才将其劝住。晋国军队东侵至潍水，南攻至沂水，然后班师而回。

齐灵公狂妄称霸的野心被平阴之战吓得荡然无存。不久，晋、卫两国又联合伐齐，齐国只有消极抵抗的能力了。

齐灵公灭莱在齐国历史上的确是件大事，因为齐国从此疆域扩大近一倍，东部沿海的自然资源及人文资源对齐国的发展起了不可低估的作用。但齐灵公没有注意开发莱地的各种资源优势，增强齐国的国力，而是因胜而益骄，穷兵黩武，屡屡挑起战端。结果本来可以利用灭莱的契机迅速建设一个强大的齐国，反而落得个兵败受辱、贻笑诸侯的下场。

糊涂的齐灵公晚年又办了糊涂事。他因宠爱戎姬而听从她废太子光立公子牙，结果在他病重时，崔杼等迎立故太子光，是为齐庄公。齐灵公死后，齐庄公大开杀戒，将公子牙及其养母戎姬全部杀死，并将戎姬暴尸于朝。残暴的齐庄公对武力特别热衷，许多勇士便投靠于他，为他卖命，并因此造成许多家庭的不幸。

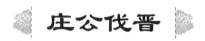

庄公伐晋

齐庄公好勇，他对勇士及以武力称霸诸侯怀有近于痴迷的兴趣，他只知崇尚武力，根本不考虑施行仁义，以致凶狠力大的人在国内骄横跋扈，无所畏忌。贵戚不能进献忠言，近臣不敢谏阻过错。

有一次，齐庄公问晏婴道："古时候也有只凭勇力称雄于世的吗？"晏婴开导他说："我听说，为了维护礼义而不惜牺牲的叫作勇，诛伐暴虐不怕强梁的叫作力。所以有勇力的人能立于世间，是因为他们的行为是合乎礼义的。商汤、周武用武力讨伐暴君不是叛逆，兼并别的国家而统一天下也不是贪婪，因为他们的行为符合礼义的原则。诛伐暴虐不怕他力量强大，惩治有罪不怕他人多势众，这才是勇气和力量的表现。古代有勇力的人，人们认为他们的行为是维护礼义的；现在国君既

晏子生活的时代

不讲仁义，臣下也没有除恶伐暴的德行，只凭勇力而企图横行于世，那么诸侯这样做，就将亡国，大夫这样做，就会败家。"

晏婴这些逆耳忠言，齐庄公根本听不进去。但称霸的野心犹存，他以当时的国力还不足以同晋国相抗衡，因而只好等待时机准备夺取霸主宝座。

晋国在外交上相对来说有理有节。齐灵公去世之时，正是晋平公命士兵率军伐齐之际，当他们在路上得知齐灵公去世的消息后，便主动撤军，以表明晋国是一个礼义之国，不伐有丧葬的国家。

齐庄公二年（前552），晋国发生内乱，栾盈的父亲栾桓子死后，栾盈的母亲栾祁便与州宾私通，栾盈对这件事既感到羞耻又非常担心。栾祁也害怕栾盈会处死州宾而后对自己施以惩罚，于是回娘家，在其父亲范宣子面前诬陷："栾盈打算叛乱。"范宣子也发觉栾盈好施舍，礼贤下士，因而贤士大都归附于他，这对自己相当不利，于是便将栾盈驱逐出晋。为禁锢栾氏，晋平公与齐、鲁、宋、卫、郑、莒等国诸侯在商任会盟。齐庄公闻听晋国内乱，异常高兴，认为制服晋国的时机已经成熟。于是在会盟中表现得举止傲慢，毫无礼法。

栾盈及其党羽历经千辛万苦，最终逃到齐国。他的党羽中以州绰、邢蒯最为勇猛，被称为勇士。正想称霸中原的齐庄公听说后，对州绰、邢蒯甚为投机，每日让他们跟随左右，形影不离。齐国国内的勇士有殖绰、郭最，这两人被齐庄公视为心腹。另外，齐庄公专门设置了勇士这个爵位，以奖励勇猛无畏的武士。一次，齐庄公在朝堂议政时，当众夸赞殖绰、郭最说："这是寡人的大公鸡。"

当时齐国有斗鸡为乐这个习俗，公鸡往往用来比喻勇士。然而州绰却没把他们看在眼里，冷冷地讽刺道："您认为他们是大公鸡，谁敢不认为是大公鸡？然而臣下不才，在平阴之战中，却比他们两位先打鸣。"表示对他们甚为不服。齐庄公设立的勇士爵位，很多武士都想争取，认为是至高无上的荣耀，殖绰、郭最也不例外。然而州绰却认为他们不配得此爵位，只有自己得此爵位才当之无愧，于是便向齐庄公道："东阁这次战役，臣下的左骖被逼至城门里，仍临危不惧，尚能记清城门乳钉的数目，如此勇猛无畏，不知是否能够得到勇士爵位的封赏？"

齐庄公一听，觉得于理不合，便反驳："你那是为了晋国国君啊。"州绰回答说："臣下充当您的仆隶不久，然而观殖绰、郭最两人，如果以禽兽作比方，臣早已吃了他们的肉而且睡在他们的皮上了。"

由于齐庄公好勇士，在他身边吸引了一大批勇猛顽强的勇士。每次战役中，他们为了自己的荣誉，总是冲锋在前，争强好胜，也为齐庄公的对外战争，立下了累累战功。

对于栾盈的到来，齐庄公更是欣喜无比，他认为这是个难得的时机，正可利用晋国的内乱来争得霸主的宝座。一次，他问晏婴道："威震当世而使天下归服，是靠天时吗？"晏婴回答说："是靠德行。"他不解地问："靠什么德行？"晏婴回答说："爱护国内百姓的，能使境外不良的人归附；尊重士民为国效死的，能禁除暴乱国家的邪逆；听取中正之言而能任用贤能的，能威震诸侯；常行义而乐于为社会谋福利的，能使天下归附。不能爱护国内百姓的，不能使境外的人归附；轻视士民为国效死的，不能禁除暴乱国家的邪逆；拒谏而傲视贤人，不能威震诸侯；违背仁义而贪图名利的，不能使天下人归附。威震当世而使天下归附的原则，就是这样的。"

但齐庄公的欲望使他的头脑发热，他正要与晋国在中原争夺霸主地位，以报平阴之耻，便把晏婴的话当作耳旁风，反而对栾盈更加宠爱。

晏婴劝诫齐庄公说："在商任会盟时，齐国接受了晋国的命令，现在接纳晋国的叛逆栾氏，您打算怎样任用他呢？小国用以事奉大国的法则是讲究信用，一旦失去信用，便不能立身立国，望君王还是考虑一下吧。"此时，齐庄公正醉心于与晋国抗衡的美好梦想中，岂能听进晏婴的劝诫，便一意孤行，继续重用栾盈。

对于齐庄公给予的恩惠与宠爱，栾盈也十分感激，并随时思恩图报。齐庄公便趁为晋国送妾滕的机会，用篷车装载着栾盈和他的私党，让他们潜回曲沃，并组织人马攻打晋国都城绛。但终因栾盈的势力过于孤单，兵败被杀。

齐庄公也趁机率军攻打晋国。齐国的军队一路上进展顺利，首先攻占了朝歌，接着兵分两路，一路进入孟门，一路登上太行山陉。在荧庭（在山西省南部）耀武扬威，派人戍守郫邵（今河南济源西）。在沙水收集晋军的尸体埋在一个大坟里，以报平阴战役的耻辱，后闻栾盈兵败被杀，不敢再攻，这才率领军队撤还。

齐庄公从晋国回师，仍觉得余兴未尽，不回国都临淄，而指挥军队去袭击莒国。他派兵攻打且于的城门，结果因他的大腿受伤才退兵。

崔、庆之乱

崔氏是齐国的姜姓公族。崔杼的同党庆封也是姜姓公族。齐庄公得以继位，崔杼是立了功的，所以齐庄公信任他，他实际掌握着国中实权。

但是，在攻打晋国这件事上，齐庄公与崔杼的矛盾激化了。崔杼曾劝阻齐庄公兴兵攻打晋国，并说："下臣听说小国钻了大国的空子而加之以武力，一定要受到灾祸。君王还是考虑一下。"齐庄公没有理睬他的话，这对崔杼是极大的侮辱，崔杼觉得难以忍受，因为齐庄公是他辅佐登上国君宝座的，因此国君便成了他手里的玩物。陈文子曾拜见崔杼并谈到攻打晋国以及齐庄公对崔杼的意见不重视这件事，陈文子问道："你打算把国君怎样？"崔杼怒气冲冲地说："我对国君说了，国君不听。齐国把晋国奉为盟主，反而以它的祸难为利。群臣如果被逼急了，哪里还有什么国君？你姑且不用管了！"不臣之心已露端倪。

由于齐庄公进攻晋国，使得齐、晋之间的矛盾日益激化。鲁国因为与晋国曾有盟约，便起兵攻打齐国。齐庄公也很惧怕晋国的报复，就派陈文子与楚国联合，准备共同对付晋国的攻伐。晋国因大雨连绵而对齐国的讨伐暂时推迟。齐国趁机赶紧讨好周王室，并为周王室筑城，以获取周王对齐国的同情。但齐庄公对鲁国还是毫不客气，齐庄公六年（前548），齐庄公便派崔杼率军攻伐鲁国以报复其助晋攻齐。

鲁襄公十分担心，派人向晋国报告。而孟公绰对齐国的进攻却很不以为然，说道："崔杼将有大志，不在于困扰我国，一定会很快撤军，不必担心，因为他来进犯的时候，不抢劫掳掠，役使百姓也不严酷，完全不同于他往日的作风。"齐军果然如孟公绰所预料的那样，徒劳无功，并迅速退兵，而且齐庄公因与崔杼的妻子棠姜私通而使崔杼萌发了弑君的念头。

齐国棠公的妻子棠姜是东郭偃的姐姐。棠公去世时，东郭偃为崔杼驾车前去吊唁。崔杼见到了棠姜，初次见面便被她的美貌所征服，于是他让东郭偃为他娶过棠姜来。东郭偃认为这不合礼法，就阻止道："男女婚配要辨别姓氏，你是丁公的后代，下臣是桓公的后代，我们本是同姓，同姓间按礼法是不可以婚嫁的。"崔杼的心早被棠姜给勾去了，根本听不进东郭偃的话，又找来巫师为他能否与棠姜结婚占卜一卦，齐国太史们见卦象都说：卦象大吉。陈文子看了以后对崔杼说："这卦象是凶兆。"崔杼这时哪里理会这些，随口敷衍道："她是个寡妇，有什么妨碍呢？更何况这些凶兆已经由她死去的丈夫棠公承担去了。"终于还是娶了棠姜。

齐庄公因是被崔杼拥立为国君的，因此彼此私下关系也比较密切，大概是齐庄公在出入崔杼家里时遇见棠姜，也被她那楚楚动人的美貌给迷住了，于是借机经常到崔杼家，终于与棠姜勾搭成奸，暗地里双宿双飞。齐庄公越来越放肆，有一次竟将崔杼的帽子拿来赏赐给别人。齐庄公的侍者告诫他不能这样做，齐庄公反而无所谓地说："不是崔杼，难道就没有帽子戴了？"崔杼得知棠姜与齐庄公私通的消息后气得七窍生烟，见到自己的帽子戴在别人的头上，更是怒火万丈，便时刻寻找机会杀掉齐庄公。

齐庄公曾鞭打过自己的侍者贾举，后来他便将此事忘得一干二净，而且对贾举异常亲宠。贾举却时刻抚摸着自己的鞭伤，随时准备报仇雪恨。崔杼于是买通贾举，令其为自己窥探机会，以便下手杀死齐庄公。适逢莒子来齐国朝见，齐庄公在北城设享礼招待他，崔杼推说有病，故意不去，以便引诱齐庄公上钩。第二天，齐庄公便以看望崔杼病情为由，企图乘机与棠姜再温鸳梦。崔杼却早已布下罗网准备刺杀齐庄公，故此，当棠姜见到齐庄公后，将其引入预定地点，便借故进入内室与崔杼一起从侧门离去。齐庄公久等棠姜不来，心急难耐，便拍着柱子唱起歌来，借歌呼唤棠姜。侍者贾举假传齐庄公命令，禁止齐庄公的随从入内，他自己却走了进去，并关上大门。

这时，崔杼安排埋伏的甲士们一拥而起，包围追杀齐庄公，齐庄公退到了一个高台上，并请求甲士们把他放了，甲士们不答应；请求盟誓许愿，甲士们也不答应；请求押送他到太庙里自尽，甲士们还不答应，而且纷纷嚷道："国君的下臣崔杼病得很厉害，根本不能聆听你的命令。这里靠近国君的宫室，我们不过是奉命来巡查搜捕淫乱的人，不知道有其他的命令。"齐庄公见势不妙，爬上墙头准备逃走，被乱箭射中

晏子生活的时代

了大腿掉到了墙下，众人一哄而上，将其砍死。

崔杼乘机驱杀齐庄公的亲信同党，并与庆封立齐庄公的异母弟公子杵臼为国君，是为齐景公。崔杼自任右相，由庆封任左相，并强迫国人到太庙中盟誓，命甲士全副武装环列在周围。盟誓的人一律必须将随身带的兵器留在太庙之外。如果谁敢不参加盟誓，就用戟钩砍他的脖子，用剑挖出他的心脏。命令国人盟誓道："不赞同崔、庆氏的人，就是自寻灾祸。"

齐国的太史在记录这段史实时写道："崔杼杀了他的国君。"崔杼恼羞成怒，杀死了太史。太史的弟弟接着也这样记录，残暴的崔杼为了保住自己死后的名声，便将太史的弟弟又杀死。太史的另一个弟弟接任太史后仍不畏强暴，置生死于度外，继续这样如实记录，崔杼害怕了，便只好听之任之。

晏婴

崔、庆反目

崔杼的同党庆封，为人异常贪婪、愚蠢无知而且骄奢淫逸。有一次，庆封到鲁国去聘问，乘坐着华美的车子，有人羡慕庆封的车子，叔孙说："我听说'服饰过于美丽而不合礼法，一定不会善终的。'华美的车子有什么用呢？"在叔孙与庆封一起吃饭时，庆封举止粗俗，缺少礼节，叔孙便借吟咏《诗经》中的"相鼠"一篇以相讽劝，庆封竟一点

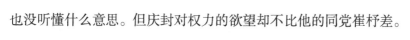
也没听懂什么意思。但庆封对权力的欲望却不比他的同党崔杼差。

崔杼的前妻生了成和强两个儿子便去世了。棠姜嫁给崔杼时带来了棠公的遗孤棠无咎，又与崔杼生了一个叫明的儿子。东郭偃与棠无咎辅佐崔杼，帮助他处理家务。崔成因为有残疾，而且崔杼对棠姜异常宠爱，所以崔杼便立了崔明为继承人。崔成很难过，便向其父请求将崔邑送给他，做为他退休养老的地方，崔杼见其可怜就很痛快地答应了。东郭偃与棠无咎却极力反对道："崔邑是崔氏宗庙的所在地，一定要归宗主所有。"

崔成与其同母弟崔强闻听此言，深为自己的境遇感到悲哀，见自己竟如此受排挤，怒火中烧，就打算杀死他们以出胸中这口恶气。兄弟俩便找到了庆封向他诉说道："我们父亲的脾气为人，您也了如指掌，他只听从棠无咎与东郭偃的话，父老兄长都说不上话，我们真担心这样下去会害了我们父亲，因此向您报告，请您给我们拿主意。"

庆封听了他们的诉说一时茫然无计，便说："你们先回去，让我仔细想想。"便将心腹卢蒲嫳找来商议办法。卢蒲嫳听了这个消息，觉得这对于庆封是个绝好的机会，便对庆封说："崔杼是国君的仇敌，上天或许将要抛弃他了。他家里确实出了乱子，你担心什么？崔氏倒霉，正是庆氏势力强盛的时候。"

过了几天，崔成与崔强又来找庆封，庆封鼓动他们说："如果能有利于你们父亲，那就一定要铲除他们（东郭偃与棠无咎），有什么困难，我来帮助你们。"

崔成、崔强得到庆封的支持后，便在家中刺杀了东郭偃与棠无咎。

崔杼见自己家里同室操戈，愤然出走。这时，他手下人都逃光了，想找个给他套车的人也找不着，只能让养马的把车套上，匆匆出门，并大骂道："崔氏如果是有福气的话，那么让灾祸都集中在我身上吧！"随即跑去拜见庆封。

庆封假意劝导崔杼说："崔、庆二氏，本为一体，他们竟敢这样无法无天！请让我来为你讨伐他们。"便乘机命令卢蒲嫳率领甲士围攻崔家。崔家加筑围墙并凭墙守卫，卢蒲嫳也攻不进去。于是，卢蒲嫳发动国人一起围攻崔家，终于将崔氏洗劫一空，并杀了崔成与崔强，棠姜上吊自杀。卢蒲嫳随后来向崔杼报告，而且故意为崔杼驾着车送他回家。崔杼回到家里，只见到处是尸体及颓垣断壁，痛不欲生，上吊自尽。唯有崔明在混乱中，借着夜色躲藏在坟场里，幸免于难。从此齐国大权落到了庆封手里。

庆氏败亡

庆封酷爱田猎，荒淫无度，清除了同党崔杼而独揽齐国大权却又不理朝政，把国政全部委托给自己的儿子庆舍，自己却带着大批珍宝、妻妾搬到卢蒲嫳家里宿居，整日里饮酒作乐。朝廷中一切军国大事，文武百官都要到卢蒲嫳家中去朝见请示庆封，朝廷就像搬到卢蒲嫳家中一样。

庆封还宣布：凡逃亡在外而知道崔氏余党的人，如果前来报告就允许他回国。所以卢蒲癸也趁机回国并做了庆舍的家臣，深受宠信，庆舍把女儿也嫁给了卢蒲癸。

卢蒲癸时刻没忘记替齐庄公复仇。为了壮大自己的力量，便向庆舍推荐逃亡在外的王何，结果两人都受到了庆舍的宠信，而且成了庆舍周围拿着寝戈的前后警卫。

齐景公的伙食每天有两只鸡，管伙食的人都是庆封的亲信，他们上下其手，有一次将鸡换成了鸭子，送饭的人知道了，就连肉也给拿掉而只送些汤上来。子雅、子尾见状，怒不可遏。

庆封闻听此事便与卢蒲嫳商议对策。卢蒲嫳自恃手握重兵，无所谓地说："把他们比作禽兽的话，我已经睡在他们的皮上了。"庆封派析归父告诉晏婴，晏婴推脱说："我的家臣不足使用，我的智力低下，出不了什么好主意，但我可以与你们立誓绝不泄露你们的秘密。"析归父说："你已经这样说了，哪里还有盟誓？"又告诉北郭子车，子车说："每人都按照自己的方法事奉国君，不是我所能限制的。"陈文子问陈桓子说："大乱将要发生了，我们能得到什么好处？"陈桓子答道："可以分得庆氏在庄街上的一百车木头。"陈文子担心地说："可要谨慎行事。"

外有公族栾、高氏，内有庆氏的贴身侍卫卢蒲癸与王何，内外连成了一体，消灭庆氏集团的准备在悄悄地进行并日渐成熟。一天，卢蒲

晏子生活的时代

癸与王何占卜攻打庆氏成功的可能性，他们把卦象送给茫然不知的庆舍看，让他分析卦象，说："有人卜算攻打仇人，不知这卦象如何，请您分析分析。"庆舍分析道："攻打成功。"

庆封到莱地打猎，陈桓子随同前往，陈氏也参与了消灭庆氏的密谋，陈文子派人召唤陈桓子回去，他就向庆封谎称道："我母亲病了，请求回去。"庆封为他母亲占卜了一卦，陈桓子一见卦象，捧着龟甲，抱头痛哭，道："这是死的卦象。"庆封见状，便让他赶紧回去。庆嗣闻听此事，说："祸患将发生了。"劝庆封道："赶快回去吧，祸难一定会发生在祭祀的时候，现在赶回去还来得及。"庆封不以为然，继续游猎。庆嗣叹道："他必须逃亡了，能够逃到吴国、越国算是侥幸。"陈桓子渡过河后，就把渡船及桥梁全部破坏，以断庆封归路。

卢蒲癸的妻子卢蒲姜见丈夫整日里密谋安排，知道可能有事要发生，问卢蒲癸道："做事还隐瞒着我，一定不会成功。"卢蒲癸见瞒不住了，便告诉了她。她反而支持丈夫，并谋划道："我父亲性情倔强，没有人劝阻他，他反倒不出来了，让我去劝阻他吧。"

十一月七日在太公庙举行尝祭，庆舍要亲临祭祀。卢蒲姜告诉他说："父亲，我听说有人要趁机作乱，劝你不要去太公庙。"庆舍倔强地说："有谁敢挑动叛乱！"反而非去不可。太公庙的祭祀按时举行，卢蒲癸与王何手执寝戈在庆舍左右保护，庆舍又派自己的亲信甲士环列在公宫周围。陈、鲍氏的养马人演戏，甲士们便都脱了盔甲，把马拴起来，看着戏开怀畅饮。栾、高、陈、鲍四族的部卒穿上了庆氏士兵的盔甲。

子尾抽出槌子在门上敲击三下。卢蒲癸便从庆舍后边刺击庆舍，王何用戈对庆舍猛劈，将他的左肩都砍开了。重伤垂死的庆舍还是抱着庙宇的柱子摇晃，整个屋梁都为之震动，庆舍还抓起俎和壶向人砸去，砸死了人才慢慢死去。

齐景公惊惧万分，鲍国对齐景公说："群臣都是为了贤君才发动政变的。"政变者很快便控制了国都。庆封从莱地驰回，攻打都城西失败，又攻打北门获胜，进城后攻打公宫，结果失败了，只好折回岳里列阵，向陈、鲍守军挑战，陈鲍守军坚守不出。庆封在失利后亡命国外，先奔住鲁国，最后逃亡吴国。

崔、庆当权误国前后延续五十年，历齐惠公、齐灵公、齐庄公、齐景公四朝。当时正是各国相继变法改革的时期，而齐国却内乱不断，不能在政治经济上有所作为。在此期间，有鲁国的初税亩、作丘甲，晋国的作六军，晋、楚、吴崛起争霸。齐国却多次发生公族之间、公室与卿大夫之间的残杀事件，国内政局动荡，民不聊生。崔庆之乱，使"齐国之大家几尽矣"，加速了政权的下移，姜齐政权已如江河日下，经崔庆之乱后，已成定局。

姜齐政权之所以还能在风雨飘摇的局势中苟延残喘，主要是因为齐国还有为这个没落政权而努力支撑的人，其中著名政治家晏婴便是杰出的代表，他以其出色的政治才干勉力维持着姜齐政权。

田穰苴治军

晏婴

田穰苴，又称司马穰苴，是田完的后代。齐景公在位时，晋国军队进攻齐国的阿（今山东东阿）、鄄（今山东鄄城），燕国军队进攻河上（黄河南岸沧、德二州北界），齐军战败。齐景公面对晋、燕两国的侵伐手足无措，忧虑异常。晏婴见状，便想起田穰苴来。他向齐景公推荐田穰苴道："田穰苴虽然是田氏家族中的庶子，但他文能团结士众，武能威慑敌人，请你任用他吧！"于是，齐景公便召见田穰苴。

田穰苴考虑到自己出身低微，将士们心中不服，一旦在两军对垒的时候军心不振，岂不误了大事？于是他请求齐景公，派一个最为信任的大臣为监军。齐景公于是任命自己的心腹——大夫庄贾为监军。

田穰苴和庄贾商量了一下军务，临别的时候他对庄贾说："明日要集合三军，请监军在午时到达大营，万万不可有误！"庄贾满口答应。

但是庄贾嘴上答应，心里可没当回事，自己是国君最为宠信的大臣，连相国晏婴都让他三分，一个小小的将军算什么呢？庄贾回去后，那些平时就千方百计巴结他的官员们可算找着机会了，他们都来给他送行，一时间庄贾的府第里热闹极了，酒宴上摆满了美酒佳肴，阿谀声此起彼伏，人们纷纷向庄贾举杯，庄贾喝得醉醺醺的，酒席就这样从晚上直喝到第二天早上，庄贾早就把和田穰苴的约定抛到九霄云外去了。

这边田穰苴集合三军，在军营的辕门立起一根木杆，看日影以便知道时间，几万人马在太阳下鸦雀无声地站着，盔甲和兵器上闪着幽蓝的金属光泽，三军都眼巴巴等着庄贾前来。可是官兵们在太阳下等啊等啊，木杆的影子越来越短，最后消失了，庄贾还是不见踪影，田穰苴下令放倒木杆，表示不再等庄贾了，田穰苴强压心中怒火，向站立在烈日下的官兵们申明了军纪。

直到夜晚时分，一辆马车才把醉醺醺的庄贾带到军营。田穰苴一见到他，脸上冰冷得像一块铁："监军怎么现在才到？"庄贾满不在乎地回答："来为我饯行的人太多了，没办法，一直喝到刚才。"田穰苴义正词严地说："一个将军一旦接受国君的任命，他的身上就担负着国家的安危，就应该忘记家小，一心为国。统帅三军，要铁面无私；临阵对敌，要把生死置之度外。现在强敌压境，国君忧心如焚，人民惶恐不安，我们这些做军人的身上担负着国家的安危，你怎么能因酒宴而耽误了征战大事？"

田穰苴一番话掷地有声，说得庄贾又羞又恼，他正要发作，忽听田穰苴高声喊道："军法官何在？"军法官应声而入，田穰苴一字一顿地问："按照军法，不按时到达的该当何罪？"

"当斩！"

庄贾一听慌了神，他见势不妙，忙让手下去找齐景公求救。齐景公一听说庄贾要被军法从事，慌忙派了一个使者拿着符节去救庄贾。

军营里，田穰苴一声令下，地位显赫的庄贾大夫被刀斧手推了出去，庄贾直到现在还不相信，一个小小的将军居然砍自己的脑袋，他还很镇定，心里暗暗咒骂着田穰苴："待会儿老子到国君那儿告这个武夫，到时候说不准谁的脑袋落地呢？"但是他永远等不到那一天了，只见鬼头刀寒光一闪，这颗尊贵的头颅就骨碌碌掉到地上了。

这时齐景公的使者也赶到了。使者知道庄贾是国君的宠臣，催随从把马车赶得飞一般迅疾，车驾不顾一切地穿过临淄的街道，路上不知撞翻了多少行人。到了军营，使者自恃奉了国君之命，飞车来到中军大帐外面，一边高声喊道："国君有命，赦免庄贾大夫！"田穰苴板着脸回答："将在外，君命有所不受。庄贾监军已经斩了。"接着又凛然问军法官："按军法闯入军营者当如何处置？"

"当斩！"

这两个字一出口，使者顿时惊慌失措，刚才的威风一下没了，哆嗦着求饶。田穰苴沉吟着说："国君的使者是不能杀的，但军法如山必须执行，这么办吧。"田穰苴下令杀了使者的随从，砍掉使者所乘的车驾上的立木，杀了左边的一匹马。

三军将士见到田穰苴执行军法不畏权贵，顿时肃然起敬。田穰苴乘机整顿军队，他到各个军营巡视，从伙食等方面关心士兵，还把分配给自己的东西发放给士兵。田穰苴的一系列举动，使三军对主帅又敬又爱，齐国大军军心大振，人人都争着要为国家杀敌立功。

三天之后，田穰苴统领齐国大军杀赴前线，晋国和燕国的将领早就得到探马的报告，他们看到齐国大军士气如虹，锐不可当地如洪水一般涌来，急忙偃旗息鼓地退兵了。

田穰苴率领齐军威震敌胆，不战而胜。齐景公得到捷报大为高兴，亲自率满朝文武出临淄城迎接凯旋之师。田穰苴被任命为执掌全国军权的大司马，也称这位名将为司马穰苴。

从此，齐国文有晏婴，武有田穰苴。这两位齐国的栋梁，无论在什么时候，心中都只想着国家社稷。

有一次，齐景公在宫中喝酒，喝得高兴，晚上打算到晏婴家中接着喝。国君的随从来到晏婴家门前报道："国君到！"晏婴忙穿上朝服，侍立于门前，见齐景公来到就问道："诸侯各国没有变故吧？国家难道有什么大事？国君为什么在夜间驾临呢？"齐景公高兴地说："我想同先生一起品尝酒醴的美味，一起欣赏悦耳的音乐。"晏婴闻听没什么大事，便如释重负，严肃而恭敬地回答道："要是摆列席面，陈列盛满食品的事，自有人做，但我不敢奉陪。"

齐景公见晏婴不陪自己饮酒作乐，便又想到田穰苴，于是命令手下人说："到司马穰苴家去。"随从忙去报门说："国君到！"田穰苴闻听此事，忙全副武装，披挂整齐，侍立于门前，见齐景公来到，便急切地问道："诸侯各国没有兴兵吧？国内大臣没有叛乱吧？国君因何而夜间驾临？"齐景公说："我想同将军一起共尝酒醴的美味，一起欣赏悦耳的音乐。"田穰苴得知没有什么军旅大事，长嘘了一口凉气，严肃而庄重地回答道："要是摆列席面，陈列盛满食品的事，自有人做，我不敢奉陪。"

齐景公又转移到弄臣梁丘据家中，梁丘据左手拿瑟，右手持竽，边走边唱迎了出来。齐景公十分高兴，感叹道："没有晏婴与田穰苴两位先生，谁能来治理国家？没有梁丘据，谁能让我快活呢？"

然而，不久后田穰苴便成了齐国国内政治斗争的牺牲品。由于田穰苴成了齐国的大司马，田氏家族在齐国的势力又得以增强，国内其他几个私家大族，如鲍氏、高氏、国氏等对田氏的兴盛非常嫉恨，他们便将这股怨恨归结到田穰苴身上，屡屡在齐景公那里进谗言，诬陷田穰苴。齐景公见此时齐国所受诸侯的威胁已经解除，便将田穰苴的功劳与作用抛到了脑后，听信谗言，罢免了田穰苴的官职。

田穰苴正道直行，公忠体国，忧国忧民，没想到竟被无端免职，心中异常忧愤苦闷，竟至发病而死。

田穰苴的死，激起了田乞、田豹等田氏族人对高、国二氏的怨恨。后来，田常杀了齐简公，并将高、国家族也一网灭尽。田和杀君自立为齐君，他的孙子齐威王，用兵征占诸侯的兵法都是仿效田穰苴的。

齐景公复霸

齐景公名姜杵臼，是姜齐第二十五代国君，在位长达五十八年。齐景公当政，对内征敛无度，穷奢极欲，一生喜好大造楼台宫室，喜爱声色犬马。有一次，他的猎狗死了，他竟命令为死狗制作棺材，并准备祭品。幸亏晏婴及时劝谏，他才中止了这荒唐事。

对外，齐景公企图称霸诸侯的志向一点也不比其诸位祖先小。在对外的争霸活动中，他凭借当时有利的国际环境，异军突起，竟取得了小霸中原的业绩。

然而，他是在一场血腥的政变中被立为国君的。发动政变的崔杼自立为相，让其同党庆封做左相，并在太庙中强迫国人立誓忠于崔氏与庆氏。崔、庆二人把持着齐国大权，残酷地屠杀异己，整个齐国处于一片混乱之中。

这时，晋平公对当年齐庄公利用晋国内乱而兴兵攻伐一事心怀怨恨，便会合鲁、宋、卫、郑、曹、莒、滕、薛等国联师讨伐齐国，联军渡过泮水在夷仪会合。此时，齐国国内刚刚发生了一场政变，根本无暇组织力量进行有效的抵抗，崔杼便用杀庄齐公这件事向晋国解释，诚所谓冤有头、债有主，当年发动攻打晋国战争的齐庄公已死，也应算为晋国报了仇。另外，崔杼派庆封来到晋军中，卑躬屈膝，请求晋侯宽恕，并把宗庙的祭器和乐器献给晋侯。晋国上下，从六卿、五吏、三十个师的将领到各部门的主管、属官和留守的人都赠送财礼。晋平公对齐国的做法很满意，便同意了其求和的要求，并派叔向回复晋平公说："君王宽恕有罪，以安定小国，这是君王的恩惠。寡君听到命令了。"

此时，国际环境又有所好转。齐景公二年（前546），宋国的向戍与晋国大夫赵武及楚国令尹屈建都有较好的私人关系，他便想再组织一次弭兵大会以消除诸侯国间的争战。于是他先到晋国告诉赵武这一想法，赵武与诸大夫商量此事，韩宣子坚决赞同，说道："战争是百姓的敌人，是财货的蛀虫，小国的天灾。既然有人要消灭它，虽然说办不到，但一定要同意。如果我们不同意，而楚国答应了人家，楚国将会以此来号令诸侯，那么我们就会因此而失去盟主地位。"于是晋国同意了向戌的意见。向戌又到楚国，楚国也答应了他。向戌来到齐国征求意见，齐国竟莫衷一是，不知如何对待此事。

陈文子一见此情，着急地说："晋国、楚国都答应了，我们怎么可以不同意呢？而且人家是为了'消灭战争'，一旦我们不同意这一倡议，齐国的百姓将会对我们失望，他们将与我们离心离德。齐国因此也同意弭兵。这次弭兵大会在宋都（河南商丘）西门之外举行，晋、楚、齐、宋、鲁、卫、陈、蔡、郑、许、曹、邾滕等十三国参加大会，齐国派庆封与陈须无参加。至此，齐国与诸侯国之间的关系开始有所改善。

各诸侯国内的形势也在发生新的变化。晋国内部正面临着公室与私家之间的激烈矛盾冲突，也处在"政在家门，民无所依"的窘困境地。国君与私族间的矛盾已逐渐不可调和，晋平公连强卿荀盈去世这件大事也假装不知道，可见他对私家的怨恨之情是多么的深刻。叔向曾私下告诉晏婴说："我们的公室现在也已经是末世了，战马也没用来驾驶战车，卿大夫也不率领军队。公室的战车没有御者和戎右，步兵也没有官长。老百姓疲惫困乏，而宫室里却更加奢侈。道路上饿死的人的尸体一个接一个，而国君宠姬家里的财富却多得装不下。百姓听到国君的命令，就好像闻听强盗仇敌来了一般争相逃避。栾、郤、胥、原、狐、续、庆、伯这些晋国世家旧臣的后裔都已沦落为低贱的吏役。国政决策于新贵之门，人民无依无靠，而国君不思改过自新，整日里寻欢作乐，公室的衰微灭亡，就在眼前了！"晋国国内的混乱为齐景公图霸无形中起了推进作用。

齐景公九年（前539），燕国发生内乱，原因是燕简公有许多宠爱的姬妾，他想驱逐诸大夫而立自己宠爱的姬妾宋，结果反而被诸大夫联合起来将宠姬杀死，燕简公被吓得魂飞魄散，仓皇逃到齐国。久有凌云志的齐景公对燕简公的来奔喜出望外，他认定这是个一展齐国国威的绝好机会，便谋划着为其复位。齐景公十二年，齐景公亲自到晋国会见晋平公，请求晋国答应讨伐北燕，晋平公同意了他的请求。同年十二月，齐景公兴师攻伐北燕，企图让燕人接受燕简公复位。晏婴却心如明镜，冷静地叹息说："简公复位是不可能的。燕国已经立了新君，其百姓也没有不满的举动。而我们的国君却很贪财，左右的人又会阿谀奉承。办大事凭的是信义，因此这次行动不会成功。"

这次送燕简公复位的行动果然以失败而告终。当齐景公率军进驻虢地时，燕人前来讲和道："我们已经知道罪过，岂敢不唯命是听？我们请求将先君的破旧器物献上，用以谢罪。"

公孙晳见状，劝齐景公说："接受他们的归服而退兵，等待有空子而出兵，可以这样做。"于是就与燕国在濡上会盟。燕国人把燕姬嫁给齐景公，还送给他些瑶瓮、玉椟、斝耳等珍宝。齐景公很得意，率军撤回。

晋国国力衰弱为齐景公的复霸运动创造了许多机会。齐国虽然还无法与诸多大国抗衡，但在那些弱小国家面前还是能够施展一下大国威风的。譬如：齐景公二十二年（前526），齐景公统帅齐军征伐徐国，齐军一直推进到蒲隧（安徽泗县境），徐国实在是无力抵抗齐军的征讨，只能派人向齐景公求和。二月，徐子、郯人及莒人与齐景公在蒲隧会盟，并用甲父之鼎贿赂他。叔孙昭子耳闻目睹此事，对齐国这种恃强凌弱的行为非常不满，感慨万千地说："诸侯中没有一个统一的霸主，对弱小的国家危害太大了！齐景公贪残无道，竟率领军队攻伐远方弱小的徐国，而且强迫他们与之缔结了盟约才归来，这些小国哪里是齐国的对手啊！这完全是因为没有霸主的缘故，才使得齐国如此横行霸道。《诗》中讲：'宗周已经衰亡倾倒，没有什么能阻止那些强国的残暴行径；执政的大夫四散分居，没有谁能知道我的困苦辛劳。'说的就是这个意思吧！"

齐景公的确是时时不忘恢复齐国的霸业。齐景公十八年（前530），齐景公、卫侯、郑伯到达晋国朝见新登位的晋昭公。在晋昭公与齐景公相聚的宴会上，中行穆子相礼，席间玩起投壶的游戏，晋侯先投，中行穆子为晋侯祝词道："有酒如淮流，有肉若高丘，寡君能投中，便可率诸侯。"晋侯一投而中的。轮到齐景公投壶时，齐景公举起箭来，祝词道："有酒如河滠，有肉若山陵，寡人能投中，与君代兴盛。"一投也中的。晋国君臣闻听齐景公的祝词，为之变色，因为晋国一直以霸主自居，齐国屡屡败在晋国手下，所以齐国哪有什么资格替代晋国而强盛？但这是饮宴中的游戏，无法深入追究，公孙傻见宴会的局面逐渐紧张，忙打圆场说："天色已晚，国君都已很疲劳了，散会吧。"才将这一尴尬局面打破。但从这件事可以看出，齐景公即使是在霸主面前也掩饰不住其称霸诸侯的勃勃野心。

另一件事也可说明齐景公称霸的雄心是多么的炽烈。齐景公二十六年（前522），他与晏婴在齐鲁边境一带打猎，顺便一起到了鲁国，并拜访鲁国的孔子，向孔子请教道："当年秦国在秦穆公时期，国家比较弱小，而且地理位置偏僻，可秦穆公凭什么建立霸业的呢？"孔子答道："秦国地方虽小，但秦穆公的志向却非常远大；它的地理位置虽然偏僻，但秦穆公的所作所为却异常正确。他于奴隶中亲自选拔出百里奚，并封其为五大夫，与之促膝交谈三天，觉得百里奚才堪重用，便将国政交付给他。从这一点来看，秦穆公即使建立王业都不为过，而仅仅称霸西戎的结局，只能算其举措的一个小结果呢！"齐景公对孔子的这一篇宏论非常欣赏，可见其对霸业的渴求。

宋国此时也不甘寂寞，齐景公二十五年（前523），宋国起兵攻伐邾，并与邾、徐三国在虫会盟，宋国也居然成了东方小盟主，晋国作为霸主，也不过问此事，可见晋国霸业的彻底衰落。齐景公更是利用这一时机，展开其兴霸的事业。同年，齐景公也派高发率军攻打莒国，莒子战败，逃奔到纪鄣（莒的附属国），高发派田书攻打纪鄣。莒国有个妇女，丈夫被莒子杀死，她便成了寡妇，待到年老时，她便在纪鄣居住，她对自己丈夫的被害非常伤心，时刻不忘为其报仇。她整天纺线搓绳，并用绳测量了纪鄣城的高度，然后将绳索收藏起来。等到齐国田书率军追赶莒子来到纪鄣城下时，她就将绳索抛到城外。有人将此绳献给田书，田书大喜，指挥军队连夜攀绳登城，爬到城上与城外的齐军一齐呐喊，莒子害怕，打开西门逃走。齐军顺利地占领了纪鄣。齐国这次伐莒之战虽然侥幸取胜，但却激起了齐景公号令诸侯的野心，于是第二年，他便与晏婴到鲁国向孔子问霸。

齐国对莒国的征伐并没有就此罢休，齐景公二十八年（前520），齐景公又派北郭启帅军进攻莒国，莒君率部队奋勇抵抗，并在寿余将齐军击败。齐景公闻讯怒不可遏，亲自统帅齐军前来莒国寻求决战，莒君见势，被吓得胆战心惊，只好主动到齐国向齐景公求和，并在稷门之外双方订立盟约，莒国从此便成为齐国的附属国。

在鲁昭公奔亡的事件中，齐景公又插手干涉鲁国内政，扮演了为鲁昭公复位的角色。齐景公三十一年（前517），鲁国发生"斗鸡之变"。鲁昭公因无法忍受季氏专权的局面，不得不想方设法削弱以至铲除季氏，以恢复公室的权力。这年夏天，恰好由于季平子和另一贵族郈昭伯两家因斗鸡而引起纠纷，鲁昭公就利用这一矛盾，支持郈氏，抑制季氏，并一直发展到联络郈氏和另一贵族臧昭伯秘密策划，在同年秋天出兵围困季平子的地步。结果，叔孙氏和孟孙氏站到了季平子一边，鲁昭公大败，被迫逃亡齐国。齐景公闻听鲁昭公来奔，亲自迎接并对鲁昭公说："寡人将率领敝邑的军队，以追随左右，唯命是听。君王的忧虑，就是寡人的忧虑。"并派军队包围郓（鲁邑，山东郓城），将其攻克，让鲁昭公到郓去居住。

齐景公三十二年（前516），齐景公派齐军强行保护鲁昭公返鲁复位。他命令部下不许接受鲁国的贿赂，以便彻底达到为鲁昭公复位的目的。结果鲁人还是贿赂买通了齐景公的宠臣梁丘据，梁丘据便向齐景公进言道："群臣对鲁昭公复位一事不肯尽力并不是不奉行君命，然而我却觉得有些奇怪，宋元公为鲁昭公去到晋国，死在曲棘。叔孙昭子请求让鲁昭公复位，无病而死。这不知是上天抛弃了鲁国呢，还是鲁昭公得罪了鬼神才到了这种地步？我看国君您不如待在曲棘，让臣下们跟着鲁君进攻鲁国做些军事试探。如果行，军事上成功了，您就继续前去，这就不会有抵抗的人了；如果不行，那就不必劳动您了。"齐景公听从了梁丘据的意见，命公子鉏率军与鲁昭公一起前进。结果在成城（今山东宁阳），受了成大夫公孙朝的欺诈，使鲁人得以充分准备。两军战于炊鼻，齐军失败。

齐景公为鲁昭公复位的活动持续了好几年，最终以失败而告终，而齐景公却自以为对鲁昭公可谓功德无量，便狂妄自大起来，在派人送给鲁昭公的信中竟自称为"主君"，鲁昭公羞愤难当，一怒之下到了晋国乾侯（晋地，河北成安），彻底放弃了齐景公的帮助。

齐景公四十二年（前506），齐国终于获得了良机。当时，晋国与诸侯在召陵会盟，讨论伐楚救蔡事宜，结果因荀寅向蔡侯索取贿赂未得，便怨恨蔡侯，使得各国诸侯离心离德，晋国又强借郑国的羽旗，惹得参加会盟的诸侯都小瞧晋国，从而使整个会盟虎头蛇尾。同年冬天，吴国进攻楚国，攻入郢都，楚昭王逃离楚国。申包胥到秦国哭求秦国出兵救楚，在秦国的帮助下楚国才免于灭亡。这样，晋国由于在会盟中的卑劣表现而失信于诸侯；楚国由于吴国的攻伐而支离破碎，使晋、楚两国在诸侯国中的影响落入低谷，从而为齐景公复霸带来了新的生机。

齐景公四十五年（前503），齐国主动归还了鲁国的郓、阳关两地，诱使鲁国归服齐国。同年秋天，齐景公又与郑献公在咸地会盟，并派人到卫国去征会，卫灵公有意背叛晋国与齐国和好，但卫国大夫不同意，卫灵公便派北宫结到齐国，私下与齐景公商议，让齐国先逮捕北宫结，然后出兵攻打卫国，迫使卫国诸大夫们同意与齐国会盟，结果此招果然奏效，最后齐景公与卫灵公在琐地结盟。

为了使鲁国彻底屈服齐国，齐景公派国夏率军攻打鲁国，双方便展开了拉锯战，齐国两次伐鲁，鲁国两次讨齐，互不相让。此时诸侯多叛晋，只有宋、鲁两国臣事晋国。晋人救鲁，顺便邀卫与之结盟，在盟会上，晋人对卫侯无礼，卫人便不肯从晋。晋兴兵侵伐郑、卫，鲁国助晋伐卫。卫、郑便在曲濮会盟，以图合力抗晋。

鲁国内部发生了阳虎叛乱，阳虎攻伐季孙氏，结果兵败退入阳关。鲁国军队攻击阳虎，阳虎逃到齐国，请求齐国出兵讨伐鲁国。鲍文子劝谏齐景公说："我曾经为鲁国施氏的家臣。据我的观察鲁国不能被消灭。鲁国君臣上下协调一致，百姓和睦，而且鲁国对大国能恭谨事奉，国内也没有发生自然灾害，像这样的国家怎能消灭掉呢？阳虎是想动用齐国军队，齐军一旦疲弊，大臣很多战死，他那时便可以用奸诈的阴谋得逞。阳虎当年受季氏的宠用，结果现在却要杀死季氏，以不利于鲁国而讨好齐国，这是因为他只喜欢富有而不喜欢仁义，您如何用这类人啊？完全是因为您比季氏富有，而齐国又大于鲁国，他才来依附您，而齐国也将是他想颠覆的目标。您如果接受了阳虎，那其实是免除鲁国的祸患，而齐国自寻倒霉，这不是很可怕嘛？"齐景公听鲍文子言之有理，便将阳虎囚禁，实质上是帮助鲁国平定了叛乱，齐、鲁关系开始和解。

齐景公四十八年（前500），齐景公与鲁定公在夹谷（山东博山境内）会盟。齐国归还了鲁国的郓、讙、龟阴之田，鲁国也同意一旦齐国军队出国征伐，鲁国也派甲车三百乘配合作战。双方在会盟中虽然为了各自的利益互不相让、寸利必夺，但终于达成了一致的协议。齐、鲁两国的夹谷会盟，使晋国更加孤立了。

为了对付晋国，齐国便联合诸侯对晋国实行武力攻伐。齐景公四十七年（前501），齐国发动了夷仪侵晋战争，卫国出兵前往会合，齐军将夷仪攻陷，但在中牟，齐军失败。齐国将攻克晋国的禚、媚、杏送给卫国，以加强齐、卫联盟。齐景公五十一年（前497），齐景公与卫灵公在垂葭相会，决定联合攻打晋国。将渡黄河时，大夫们对晋国心怀畏惧，都说不能渡河，唯有邴意兹说："可以渡河征战，因晋国国都离此很远，他们一旦知道我军进攻，并派军前来时，我们早已撤军了。"齐景公同意他的见解，挥师渡河，攻伐河内诸地。这时，晋国国内正闹内

晏子生活的时代

乱，使得齐、卫联军的这次行动获得成功。

齐景公五十二年（前498），齐景公、鲁定公、卫灵公在脾地和上梁之间会盟。同年秋天，齐景公又与宋齐景公在洮地会盟，这两次会盟是为了商讨援救范中行氏，以达到分裂晋国的目的。

总之，这时东方四国：齐、鲁、卫、郑结成了以齐国为首的联盟，并联合对抗晋国，晋国因国内斗争异常激烈而无暇兼顾其他。齐国在这种有利条件下得以扩张其国际势力。宋国也加入到齐党中，这时的齐国俨然成为中原的霸主。

齐景公复霸只是昙花一现。原来的中原霸主晋国不久便被韩、赵、魏三家瓜分，姜齐政权也面临着同样的命运。

田氏代齐

田桓子（即田无宇）时期，田氏家族始大于齐。自此以降，便开始了田氏向姜氏夺权的漫长过程。这一过程是从田乞开始的，经过田常、田盘、田白等几代人坚持不懈的努力，到太公田和时终于完成了。田僖子乞是田无宇的儿子，事齐景公为大夫。正是此人，通过消灭政敌、废立国君的阴谋手段和宫廷政变的形式，迈开了田氏代齐的第一步。

原来，齐景公晚年很喜欢宠姬芮子生的儿子姜荼，便立他为太子，并让当时的相国高昭子和国惠子辅佐之。后来，齐景公死了，高、国二相便立姜荼为君，是为晏孺子。对于此事，田乞很不满意，因为他与齐景公的另一个儿子阳生素向友善，故欲立之。然而田乞清楚地知道这并非易事，若不采取非常的手段是不会奏效的。为达此目的，田乞表面上对高、国二相非常恭敬，暗地里却在大夫们中间散布谣言，挑拨二相与大夫们之间的关系，故意制造混乱，以图乱中夺权。

据《左传》载：平素，田乞事奉高氏、国氏谨慎而尊重，每逢上朝，一定和他们同坐一辆车子，时而进谗道："大夫们都很骄傲，并对您很不满意。他们私下议论说：'高氏、国氏受到国君的宠信，必然要逼迫我们，应该早早地除掉他们。田乞装出一副替高、国氏担忧、着急的神情，建议高、国先下手为强，把大夫们一网打尽。为了取得高、国的信任，田乞又在朝上对高、国说："大夫们都是虎狼。他们见到我在您的身旁，也欲把我杀死。还是让我靠到他们那边去吧！"到了大夫们之间，田乞又编了一套谎话："高氏和国氏要发动祸乱了。他们依仗得到国君的宠信而要攻打你们，现在已经定好计划了。我们何不在他们发动之前提早动手呢！待他们发动了，我们再后悔也无济于事了。"大夫们听信了田乞的谎言，也顺从了田乞的旨意。

公元前489年夏六月，田乞、鲍牧和大夫们率领各自的家兵，呼叫着冲入公宫，继而战于庄街。结果高、国二氏失败了，分别逃到了鲁国和莒国，晏孺子也到鲁国避难去了。

之后，田乞派人秘密地把阳生从鲁国召回，又秘密地送进齐国公宫，立为国君，是为悼公。通过废立，田乞实际上掌握了齐国的大权，悼公不过一傀儡而已。《史记·田敬仲完世家》中说："悼公既立，田乞为相，专齐政。"田乞由大夫到相国，的确迈出了向姜氏夺权的关键性一步。

田乞的儿子田常是田氏向姜氏夺权过程中的又一关键人物。田乞拥立的齐悼公因与鲍牧有矛盾而被杀，齐人立其子壬为国君，是为齐简公，田常与阚止（《史记》中写作监止）同为左右相。当年齐简公避难于鲁时，阚止陪侍在侧，备受宠信。等到齐简公即位后，对阚止更是宠信有加，把大权交给阚止。这样就引起了田常的嫉妒和愤恨。为了消灭政敌，以专齐政，田常又效仿其父的做法，在齐国上演了一出废立国君的戏剧。公元前481年的一天，田常兄弟四人同乘一辆车子驰进公宫。此时，齐简公正由如花似玉的嫔妃和宫女们陪着在檀台饮酒作乐。正在帐幕里的阚止听到田常兄弟来到便迎了出去，结果却被关在宫门外。门卫见状上前阻拦，被田常一枪搠翻在地。齐简公听说田常要造反，怒发冲冠，挥戈而起。田常见齐简公发怒了，打算临阵逃走，却被子行抽剑阻止，说："迟疑软弱，足以危害大事。您要是走了，谁还能做陈氏的家主？您要是逃跑，我若不杀你，有历代宗主作证！"在子行等的逼迫下，田常才留了下来。

这时，阚止已集合了部下，包围了公宫，开始攻打大小宫门。无奈苦攻不下，便逃走了，逃至丰丘，被人捉住杀死。在混乱中，齐简公也逃出公宫，逃到了舒州。六月初五，田恒在舒州杀死简公，田常立齐简公弟骜为君，是为齐平公。一场政变结束了，田常消灭了政敌，控制了新立的国君，造成了大权独揽的局面。

政变刚过，为了稳定政局，田常采取了对外结好诸侯，对内安抚百姓的措施。"田常既杀简公，惧诸侯共诛己，乃尽归鲁、卫侵地，西约晋、韩、魏、赵氏，南通吴越之使，修功行赏，亲于百姓，以故齐复定。"田常复修僖子之政，以大斗出，以小斗收。齐人很感激他，作歌赞美他。可见田常是一个很有谋略的人。

齐平公即位，田常任相，大权独揽。他对齐平公说："德施人之所欲，君行之；刑罚人之所恶，臣请行之。"行之五年，齐国之政尽归田常。这时的田常动作更大了，他大开杀戒，把鲍、晏、阚诸大族及公族中稍有势力的，或杀或逐，消灭殆尽，继而把安平以东，琅琊以西的土地全部划为自己的封邑，面积比齐平公的直领地还大。

田常死后，历田盘、田白，至太公田和。太公田和相齐宣公四十八年。齐宣公卒，子康公贷立。齐康公淫于酒色，不听朝政。立十四年被田和迁于东海之滨，食一城之地，以奉其先祀。齐康公死后，姜齐灭亡。公元前386年，田和因魏文侯请于周天子，被立为诸侯，齐国的历史，从此进入田氏统治的时代，谓之田齐。

第二章

晏子小传

晏子，名婴，字平仲，春秋末期齐国夷维（今山东高密）人。晏婴历任齐灵公、齐庄公、齐景公三朝的卿相，辅政长达五十余年。周敬王二十年（前500），晏婴病逝。孔子曾赞曰：「救民百姓而不夸，行补三君而不有，晏婴果君子也！」

两治东阿，讥谏国君

晏婴生年不详，卒于齐景公四十八年（前500）。晏婴是先秦时代著名的思想家、政治家、外交家。他历相齐灵公、齐庄公、齐景公三朝，尽忠极谏，机敏善辩，政绩卓著，是继管仲之后，齐国历史上又一位有名的贤相。

晏婴出身于齐国贵族家庭。其父晏弱，是齐国大夫，齐顷公、灵公时为正卿，曾奉命出使、会盟于晋国。齐灵公二十六年（前556），晏弱逝世，晏婴继任国卿。

晏婴受命治理东阿。上任伊始，晏婴便实地调查，了解民情，制订方案，亲自指挥修筑道路、开垦荒地、维护社会治安、净化民俗民风、惩治懒人恶人、处事不卑不亢……经过三年的精心治理，东阿社会安定，经济发展，百姓乐业，一派兴旺景象。而此时，许多"佞人"却四处告状，诉晏婴治理不力，没有政绩，还存在这样那样的问题。于是，齐景公召见晏婴数落说："我以为你有才能才派你去治理东阿，可你越治越乱，实在令我失望，只能免了你的职务。"晏婴没有强辩，而是请求齐景公再给他一次机会去治理东阿，如若治理不好，甘愿为此而死。齐景公答应了他的请求。

此后三年，晏婴不修路，不理事，不惩治懒人恶人，决狱断案，袒护豪强，甚至营私舞弊、欺上瞒下，但赞誉之声却传遍了全国，齐景公听到一片颂扬声，便亲自迎接晏婴，并对他祝贺道："您将东阿治理得很好啊！"

晏婴回答说："过去我治理东阿，堵住小路，关紧后门，邪民很不高兴；我奖励勤俭孝悌的人，惩罚小偷坏人，懒民很不高兴；我断案不偏袒豪强，豪强很不高兴；您左右的人求我办事，合法我就办，不合法就拒绝，您的左右很不高兴；我侍奉权贵不超过礼的规定，权贵们也不高兴。邪民、懒民、豪强这三邪在外边说我的坏话，您的左右和权贵这二谗在里边进我的谗言，三年内坏话就灌满了您的耳朵。后来我小心地改变了政策，不堵小路，不关后门，邪民很高兴；不奖励勤俭孝悌的人，不惩罚小偷坏人，懒民很高兴；断案时讨好豪强，豪强们很高兴；您的左右求我办事，我一概答应，您的左右很高兴；侍奉权贵超出了礼的规定，权贵们很高兴。于是三邪在外边说我的好话，二谗在里边也说我的好话，三年内好话就灌满了您的耳朵。其实，我过去招致指责的行为才是应该奖赏的，我现在招致奖赏的行为正是应该惩罚的。所以，您的奖赏我不敢接受。"

说完，拜了又拜，便要离去。

齐景公赶快向晏婴道歉说："您还是继续尽力治理东阿吧！我就不再干涉了。"

从此，齐景公对晏婴更加信任，并把更大的职权交在了晏婴的手里。

从上面这个故事中，我们至少可以看出三点。第一是齐景公一人说了算，缺少严谨的评价机制，即使有左右大臣参议，也是少数人的意见，没有能够充分体现民意。第二是被表面现象所迷惑，齐景公看似是根据"公论"下的结论，但因缺乏深入调查，被谗言所惑。晏婴成绩斐然时被评为"不称职"，成绩平平时却被评为"优秀"。第三是合乎仁义道德的政策顶不住巨大的压力，被迫向潜规则转变。这三个要点构成了一个堪称经典的制度变迁模型，这是历史的幽默，也是对历史的嘲弄。

晏婴把关系到政治好坏的人分成了两类，以此来告诉齐景公怎样才能治理好国家，既没有惹怒齐景公，又达到了他预期的效果，让齐景公明白治理国家就如判断一个人一样。判断一个人是否忠诚、贤能，不能凭个人好恶，道听途说，而应客观公正、准确评价，才能慧眼识才、知人善任。

以礼治国，减轻赋税

晏婴生在奴隶制度瓦解和封建制度出现的时期，他曾做过齐国的相国，是当时著名的思想家和政治家。他的廉政思想，突出表现在爱民的主张上。他强调"德莫高于爱民，行莫厚于乐民"；国君对于平民不能

"夺其财而饥之，劳其力而疲之，常致其苦而严听其狱，痛诛其罪"；应该体察平民的痛苦，"饱而知人之饥，温而知人之寒，逸而知人之劳"，要"散百官之财，施之民"。

齐国有一年连下十七天大雨，洪涝灾情严重。齐景公对此却不闻不问，依旧饮酒作乐"日夜相继"，还派人到各地去寻找"能歌者"。晏婴多次奏请救济灾民，都被齐景公拒绝了。于是，晏婴只好把自己家里的粮食分给了灾民。把车马、器物等放在路旁供人们随便使用，徒步前去见齐景公说："百姓'冻寒不得短褐，饥饿不得糟糠'，而'君不恤'，'民氓百姓，不亦薄乎？'"然后，就气愤地离开了。之后，齐景公才下令开仓救济灾民。

晏婴反对统治者穷奢极欲，主张实行"善政"，减轻赋税。他大声疾呼，统治者奢侈腐化，就是"与民为仇"，其结果会导致"民叛"，得罪于民的国君，将遭到"民诛"。齐景公出游麦丘，问那里的封人年岁多大？封人告诉他：八十五岁。齐景公说："您真长寿啊！您祝福我吧！"封人先祝他健康长寿，有益于国家，齐景公不满足；再祝他的后代长寿，齐景公仍不满足，封人便说："使君无得罪于民。"齐景公听了不高兴，说："只有百姓得罪君主的，哪有君主得罪百姓的？"晏婴在一旁插嘴说："君主错了，桀纣不是被百姓诛灭的吗？"

齐景公把平阴和槁邑这两座大城赏给晏婴。晏婴辞谢说："我们君王喜欢建造宫室，但是百姓的体力是有限的，他们已经没有力气再负担这些了；君王喜欢娱乐游玩，喜欢给自己的女人打扮得漂亮一些，百姓已经没有多余的钱财来支付这些了；君王喜欢用打仗来证明自己的强大，百姓们每天都在为自己能不能活过今天而担心。让百姓体力疲惫，钱财耗尽，接近于死亡，这是百姓们最痛恨的！也是我不敢接受赏赐的原因。"齐景公说："这倒可以，但是，难道君子就不想富有和尊贵吗？"晏婴说："我听说，做臣的先为君王后为自己；先安定国后考虑家；让君王居尊位，自己隐退在后，怎么不想富有和尊贵呢？"齐景公问："既然这样，那我该赏赐给你什么呢？"晏婴趁机提出在税收和刑罚方面各答应他三个条件作为赏赐。放宽鱼盐方面的税收，对关卡和市场只稽查不征税，种田的只收十分之一的税；减轻刑罚，假如是死罪就减为判刑，假如是该判刑的就减轻为惩罚，假如是该惩罚的就赦免。晏婴说："如果主公能够做到这三条，那就是对臣的最大赏赐了，而且这也是君主的利益之所在。"

　　在晏婴看来，减轻赋税是百姓们十分渴望的，因为只有这样他们才能有饭吃，有衣穿；君王不以打仗来显示自己的尊贵和强大也是百姓们渴望的，因为只有在没有硝烟的地方，生活才能过得平静，不用时时担心自己的亲人在战场上死去；而君王不再乱用劳动力和财力也是百姓们渴望的。晏婴在这里以百姓们的需要为前提，以礼治国，仗义执言，犯颜直谏，指出了君王荒淫享乐，穷兵黩武，让百姓们非常讨厌；申明了自己先君后己，先国后家的为臣之道；处处为民着想，提出了宽刑省禁、爱民慈众的具体办法和要求。最终晏婴的意见被齐景公所采纳。

古人云："诚于中而形于外。"要做到言辞上以礼待人，其核心就是对他人的真诚尊重。任何人都希望得到别人的尊敬。对每个人都以礼相待，这种付出是值得的！关于"以礼治国"，以下就让我们看看晏婴是怎么做的？

首先，尊重国人，以实际行动去感化国人。

齐景公向晏婴问及安邦治国之道，晏婴并没有马上回答他，因为晏婴比谁都清楚一个高高在上的君王想听的只是对他的肯定，而并非是对他的批评。然而，晏婴又不想说谎话，在百姓面前失了信用。因此，他陪齐景公一起微服私访，先是到了一家鞋店，齐景公见买假肢的人很多，买鞋子的人却很少，大惑不解。后听店老板说："当前国君动辄处人以刖刑，砍去脚的人只有买假肢，买鞋的人就少了。"一路上齐景公所见全是低矮破败的房屋和面黄肌瘦的百姓，还有很多人乞讨。齐景公神色黯然，晏婴便趁机劝齐景公实施仁政，讲述"德莫高于爱民，行莫厚于乐民"的道理。就这样，晏婴在不失信于民，又不得罪君王的情况下用实况劝诫齐景公，由此可见，晏婴的爱国爱民之心。

其次，时常提醒君王谨守礼法，才能治国。

齐景公举行酒宴，饮到高兴处，便对大臣们说："各位痛快地饮酒，不要拘束君臣礼节！"然而，晏婴却违背了齐景公的意思，劝说齐景公，齐景公并没有听从，最后晏婴以子之矛，攻子之盾。让齐景公懂得了没礼法的国家就像是一盘散沙，无法凝聚。

从古至今，没有几个人能够为了百姓的安稳，不顾自己的安危和君王过不去的，而晏婴就是其中的一个，其胆量、谋略令无数人叹服！

不辱使命，雄辩四方

《史记》中，司马迁记载了一位机智勇敢的外交使者，他就是公元前6世纪齐国的晏婴，而关于晏婴的故事也在中国广为流传。

晏婴出使楚国，楚国的君臣想要笑一下晏婴，以显示楚国的威风。他们知道晏婴是个矮个子，就在大门旁边开了一个小洞，让晏婴从这个小洞进城去。

晏婴知道楚王要戏弄他，严词加以拒绝，说："这是狗洞，不是城门。出使狗国的人，才从狗洞进。今天，我是出使楚国，不是出使狗国。请问我是来到了狗国呀，还是来到了楚国？"

话都已经说到这份上了，楚王还能让他从小门进入吗？那不是自打嘴巴吗？楚王只有命令把大门打开，让晏婴从大门而入。

晏婴拜见楚王后，楚王故意问："是因为齐国再没有别人，才派你来的吗？"

晏婴回答说："您这是什么话！单是我们齐国首都临淄，就有七八千户人家。街上的行人要是都张开衣袖，就可以遮天蔽日；要是都甩一下汗水，就可以汇集成一场大雨，人挤得肩膀挨着肩膀，脚尖碰着脚跟。大王，您怎么说齐国没有人呢？"

楚王接着问："既然如此，那么为什么派你出访呢？"

晏婴不慌不忙地回答："我们齐国派使节出访很有讲究，对那些精明能干的人，就派遣他们出使那些道德高尚的国家；对那些愚蠢无能的使臣，就派他们出使那些不成器的国家。我是使臣中最愚蠢、最无能的人，所以就派我出使楚国来了。"晏婴的话使本打算要戏弄他的楚国君臣们面面相觑，半天说不出话来。

在这次出访之后，晏婴又有一次出使楚国。楚王听说晏婴要来，对身边的侍臣说："晏婴是齐国善于辞令之人，现在他又要来，我想要羞辱他，你们说用什么办法呢？"

侍臣回答说："等晏婴来的时候，我叫两个士兵绑一个人，从大王面前走过，大王就问：'绑的是什么人？'士兵就回答说：'齐国人。'大王再问：'为什么要绑他？'士兵就说：'因为他偷了东西。'"楚王觉得这是一个羞辱晏婴的好主意，就按此种方法布置。

晏婴来到楚国，楚王设宴招待他。正在饮酒的时候，两名士兵绑着一个人来见楚王。楚王问道："绑着的人是干什么的？"

士兵回答说："他是齐国人，犯了偷窃罪。"

楚王故意看着晏婴说："齐国人天生就善于偷东西吗？"

晏婴从席上站起来，一本正经地说："我听说，有一种植物，长在淮河以南就可以结出很好吃的果实，长在淮河以北，尽管它的枝叶看起来没什么两样，但结出的果子却很难吃。之所以会这样，是水土不同的缘故。现在，这个人在齐国时不偷盗，到了楚国就学会了偷盗，是不是楚国的水土会使人变得善于偷盗呢？"

楚王听了晏婴一番反驳，苦笑着承认说："圣人是不能同他开玩笑的，我反而自找倒霉了。"

 # 用计除恶，打击权臣

当时齐国有三位武士田开疆、古冶子、公孙捷，三人英勇善战，被人们称为"三勇士"，很受齐景公的宠爱。久而久之，这三位勇士自恃功高过人，于是傲慢狂妄起来，别说顶撞一般大臣，就是齐景公也敢顶撞。虽然他们勇武过人，但却没有什么头脑，对国君也不够忠诚，长此下去，必成大患。

相国晏婴眼见齐国恶势力扩张，内心十分担忧。为了国家的安定，晏婴决定寻找机会除掉这三个勇士。可是他乃一介书生，怎样才能杀掉齐景公信任的这三个武士呢？有一天，与齐国邻国的鲁国国王来访，齐景公在王宫设宴款待他们一行。晏婴、三勇士和文武百官都列席作陪。晏婴见三勇士盛气凌人、不可一世的骄态，心中便有了主意。宴席进行到一半，晏婴上前奏请齐景公，让他到齐景公的花园里摘些桃子来宴请贵客，齐景公同意了。于是晏婴到王宫后面的花园里摘了六个桃子回来。这六个桃子，两国国君各吃了一个，两国的相国各吃了一个，最后剩下两个桃子。齐景公把三个勇士宣上来，然后叫奴役用盘子端出两个鲜桃给他们，并对他们说："三位爱卿，你们都是寡人深爱的勇士，寡人想奖赏你们，可是今日奴役们在后花园里摘桃子，只有两颗，寡人想把它们奖赏给你们三人中功劳最大的两个人，你们开始比自己的功劳吧！"

齐景公刚说完，勇士公孙捷首先站出来说："从前我陪国王打猎时，曾亲手打死一只老虎，解了国王的围，这算不算功劳大？"齐景公说："这个功劳大，应该受赏赐。"于是，便赏给公孙捷一只桃，公孙捷立即露出得意的笑容。

三勇士中的第二位勇士田开疆见状，抢着站起来说："打虎不算什么，当年主公被敌军围困，我一人手持兵器两次打退敌军，才救出主公。像我这样的功劳，也可以独自吃一个鲜桃，不与别人分吃一个！"齐景公听了，觉得他说得很对，于是把剩下的桃赐给了第二位勇士。

这时，三勇士中的最后一位古冶子坐不住了，上前说："我曾经跟随君王渡过黄河，一只鼋鱼咬住左骖马，把它拖进砥柱山下的漩涡里，我就潜入河水下面，逆流追出百步远，又顺流追赶了几里远，擒获鼋鱼并杀死它。左手抓住左骖马的尾巴，右手提着鼋鱼头，像仙鹤一样跃出水面。渡口的船夫都说：'黄河水神出来了！'他们仔细一看，原来是我举起的鼋鱼头。我也可以单独吃一个鲜桃，不与别人分吃一个！"齐景公无奈，安慰他说："你的功劳确实很大，可是你说得太迟，桃子已经没有了，下次再赏赐你。"

古冶子听不下去，觉得自己功劳最大反倒受了冷落，而且在众目睽睽下受到侮辱，气愤之间，当场拔剑自刎而死。第一位勇士公孙捷见状，也拔出剑来说："我功劳小而受到赏赐，古将军功高而没有得到赏赐，这确实不合情理。"说话之间，顺手一剑也自杀身亡。这时，剩下的勇士田开疆跳出来说："我们三人曾经发誓同生死，今天他们二位已死，我怎么能独自活着呢？"说完，也自杀了。

说话间，三位勇士都自杀身亡，齐景公连阻止都来不及，所有的来宾也都吓得目瞪口呆。晏婴以他的智慧，仅仅用了两只桃子，就杀掉了三个英勇的武士，巧妙地除掉了国家的隐患。

在这个故事中，晏婴之所以能够以两个桃子杀掉三个武功高手，靠的就是他非常了解他们三个人性格上的缺陷，完美利用，稍施手段便推动了事件的发展。

清廉俭约，屡拒赏赐

春秋时期，奴隶主贵族凭借其世卿世禄的特权，生活极端腐朽堕落，奢侈之风盛行。晏婴虽然身为辅相，却大力倡导俭朴节约，而且身体力行"食不重肉，妾不衣帛"，并以清廉节俭为齐人所称道。

晏婴平时穿的是粗布衣服，即便祭祀祖先也不过是把衣服和帽子洗干净穿上而已。一件狐皮大衣，也只是在出使他国或参加盛典时穿，并且一直穿了三十多年。每日粗茶淡饭，正餐也不过是糙米饭，只有一荤一素两个菜。据记载，一天，晏婴正要吃午饭，齐景公派人来见他，晏婴把自己的饭菜分成两份，请来人共进午餐。齐景公知道这件事后，感叹地说："相国家里竟然如此清贫！"说完，立即命人给晏婴送去黄金千两，以供他接待客人的开支。不料晏婴不愿接受，叫来人带回。齐景公命人再送，他还是执意不肯收下，当齐景公命人第三次送来时，晏婴对来人说："请禀报大王，我并不贫困。大王给我的俸禄，不仅足够我供养家人、接待客人之用，还可以用来接济穷苦百姓。所以，我不能接受大王额外的赏赐了！"来人非常为难地对晏婴说："相国，我也是奉命办事，您这次再不收下，叫我如何去回报大王呢？"晏婴想了想说："既然如此，我和你一起进宫，让我当面向大王辞谢。"

晏婴见了齐景公，首先感谢他对自己的厚爱，接着说："作为一名臣子，将国君的赏赐用于百姓身上，是以臣代君治理百姓，奸臣是不会这样干的；不用在百姓身上而收藏起来，那就变成一个装东西的箱子，仁义的人是不会这样做的；上对不起国君，下对不起百姓，只干守财奴的事，聪明的人是不会干的。所以，请您千万不要再赏赐臣下了。"齐景公不解，问："想当年，管仲不也接受了齐桓公封赏的五百个村庄吗？你晏婴为什么要推辞呢？"晏婴便以"圣人千虑，必有一失；愚人千虑，必有一得"的话相对答，并认为自己虽然愚笨，但在这件事的处理上可能是正确的。齐景公见他把话说到如此地步，也只好作罢。

晏婴平时上朝，总是乘坐一辆劣马拉的破旧车子，有时甚至步行。齐景公知道后，觉得晏婴乘坐的车马与他的身份太不相称了，便三次派人送去新车骏马，却又都被晏婴所拒绝。齐景公非常不高兴，责问他为何不收，晏婴说："您让我管理全国的官吏，我深感责任重大。平时，我反对奢侈浪费，要求他们节衣缩食，以减轻百姓的负担。我若乘坐好车好马，百官们便会上行下效，奢侈之风就会流毒四方。假如真的到了那个时候，恐怕就再也无法禁止了。"

晏婴的相府地处闹市，却阴暗狭窄。齐景公提出要为他修造僻静宽敞的新宅院，但被晏婴婉拒。齐景公并不死心，趁晏婴出使他国之际，为他新建了一处豪华的相国府。晏婴回国之后，马上从新相府搬回了原来低矮狭小的住处，同时将新相府加以改造，分配给了原来住在那儿的人。

晏婴对于齐景公的赏赐用各种理由推辞，不接受，全心全意为国家着想，为老百姓着想。不仅如此，晚年的晏婴，对于齐景公的赏赐，不仅不接受，还把自己以前接受的封赏退了回去。齐景公认为，这在齐国历史上还从未有过先例，坚决不同意。就这样，二人推来让去，但最终齐景公还是被晏婴说服了，答应撤回封赏。晏婴的一生清廉俭约，以身作则，以实际行动，实践了他所大力倡导的清俭节约的作风。即便是在临终之际，仍不忘谆谆告诫家人：丧事要从简，绝不许厚葬。

晏婴的这些言行举止，抑制了宫室上层的腐化堕落，避免了许多劳民伤财的事件，对于遏止和改变不良风气起到了积极作用。明代《青州府志》评价说："齐地汉以后尚俭倡廉，与晏婴的移俗不无关系。"在晏婴的节俭美德之外，那种与民为伍、体察民情的作风更加值得人们称赞。

晏子小传

以礼治国

晏子主张以礼治国。一次齐景公与大臣饮酒，酒兴正浓时，齐景公说：

『今天愿与各位大夫开怀畅饮，请不必拘于礼节。』晏婴听后怅然变色，赶紧向齐景公指出这是不对的，礼节是不能不要的。齐景公背过脸去不听。

过了一会，齐景公出去，晏子安坐不动，齐景公进来时，晏婴也不起立；大家一齐举杯，晏子却先把酒喝了。齐景公气得变了脸色，强压怒火注视着晏婴说：『刚才您还在教训我礼节是不可不要的，可是我出去进来您都坐着不动，大家一起举杯，您却先把酒喝了，这就是您所说的礼节吗？』

晏婴离席叩拜之后对齐景公说：『我对国君所说的话怎敢忘记呢？我不过是把不讲礼节的实况演示出来罢了。国君如果不要礼节，就是这个样子。』齐景公这才醒悟，表示听从晏婴的教诲，从此整饬法令、修订礼仪以治理国政，于是百姓也都规矩起来。

庄公矜勇

晏子像

齐庄公崇尚勇猛勇力，却不想去实行礼义。于是勇猛有力之人横行不法，显贵的大夫不进忠言，身边的近臣也不劝谏过失，所以晏婴去觐见庄公。

庄公问晏婴："古时候也有仅凭勇力就能在世上有所成就的人吗？"

晏婴回答说："我听说，为了使自己行为符合公认的准则而不怕死叫作勇，诛灭凶暴而不避强悍叫作力。所以勇力的树立，是为了推行礼义这样的准则。商汤、周武王兴兵不被看作叛逆，吞并了暴君的国土不被看作贪婪，因为这符合仁义的原则。诛灭凶暴不畏惧强悍，消灭罪恶不害怕势众，这就是勇力的行为。古时候被称为勇力的人，奉行的是礼义。现在君王没有仁义的原则，臣下没有消灭罪恶诛灭凶暴的行动，而仅仅凭勇力想在世上能有所建树，那么，诸侯这样做国家就会有危险，普通百姓这样做就会破家。从前夏朝衰落的时候，有推侈、大戏；殷朝衰落的时候，有费仲、恶来。这些人能步行千里，徒手撕裂猛兽，因为有勇力而得到任用，就欺压天下百姓，杀害无辜。崇尚勇力，不顾及仁义道德，所以夏桀、商纣因此灭亡，商朝、夏朝因此衰败。现在您崇尚勇力，不顾及实行仁义。有勇力的人，对国家法令制度毫无顾忌，他们靠威权强力立身，行为归于凶邪残暴。同姓的公卿不敢上陈忠言，亲近的臣子不敢劝谏过失，违背了古圣先王的美德，而遵循亡国之君的行为，想用这种做法来求得国家永存，我没有听说过。"

礼不可废

齐景公与大夫们一起饮酒，饮得很痛快。他说："今天打算同各位大夫开怀畅饮，就不要讲究什么礼仪了。"

晏婴一听，惊诧得改变了神色，赶紧劝齐景公道："您的话失当了！臣下们本来就企望君主不讲礼仪。那样，实力强大的就能够凭借实力制伏他的尊长，胆大妄为的就能够纵任武勇杀掉他的国君；但有礼仪约束，他们要恣意妄为就不那么顺利。这好比禽兽，就是仗恃勇力进行征伐的，强大者可以任意欺凌弱小者，所以几乎每天都在更换首领。如果您丢弃了礼仪，那就无异于认为禽兽的行为可取。其结果，臣下们就会仗恃勇力恣行征伐，强大者就会随便欺凌弱小者，乃至经常更换国君，您将靠什么保住地位呢？大凡人之所以比禽兽高贵，正因为有礼仪啊。所以《诗》中写道：'人而无礼，胡不遄死？'可见，礼仪是缺少不得的。"齐景公沉溺于酒中，不理这些话。

过了一会儿，齐景公离席外出，晏婴没有直起身来。齐景公回来，他还是稳坐不动。大家举爵同饮的时候，他又抢先饮尽了自己的酒。见此情景，齐景公气得脸色都变了，双手往桌上一按，怒目圆瞋，责问晏婴："刚才先生指教过寡人不讲礼仪是不行的，寡人出去、进来你都不起身，众人同饮你又抢先喝光，这就叫礼仪吗？"

晏婴听了，立即起身离席，恭恭敬敬地拜了两拜，然后解释道："我怎么敢忘记对君主说过的话呢？我只不过是用这些来表明不讲礼仪的实际状况罢了。主上如果真的不愿维护礼仪了，那么，这些就是必定会出现的情景啊！"

齐景公豁然省悟，说："竟然会闹到如此地步，真是孤的罪过哟。先生快入席吧，寡人接受了你的指教了。"果然，酒行到三觞，便停止了宴饮。

打从这以后，齐国整顿了法制，倡扬了礼仪，用法制和礼仪来治理国事，使百姓都恭敬知礼了。

 齐景公废酒

齐景公饮酒大醉，三天后才酒醒起身。

晏婴拜见齐景公说："君主醉酒了吗？"

齐景公回答说："是的。"

晏婴说："古时候的人饮酒，能够疏通气脉调和精神就足够了。所以男子不聚会饮酒作乐以致妨碍本业，妇女不聚会饮酒作乐以致妨碍女工。男子、妇女聚会饮酒作乐，只轮番敬五杯酒，超过限度就会受到责备。君主身体力行，所以朝上没有积压下来的政事，宫内没有昏乱的行为。现在君主一天饮酒，三天醉卧，国家的政事在朝堂上积压下来，君主左右的人在宫内作乱。原本以刑罚来防止干坏事的人，自己尽力干坏事；原本以赏赐、荣誉作为勉励做好事的人，自己懒于做善事。君主违背道德，百姓看轻赏罚，这就丧失了用来治理国家的根本了。希望君主节制饮酒。"

又有一次，齐景公饮酒，饮了七天七夜还不停止。

弦章劝谏说："君主饮酒已经七天七夜，我希望君主停止饮酒，不然的话，就赐我死。"

晏婴进宫拜见齐景公，齐景公说："弦章劝谏我说：'希望君主停

止饮酒，不然的话，就赐我死。’就这样听从他的劝谏，那就是被臣子制约了；不听从他的劝谏，又舍不得他死。”

晏婴说：“弦章遇上君主真是幸运啊！假如弦章遇上的是夏桀、商纣那样的君王，弦章早就死了。”于是齐景公停止饮酒。

不恤天灾

齐景公时，连续下了十七天大雨，齐景公却夜以继日地饮酒。晏婴请求向百姓发放救济粮食，多次请求都没有得到齐景公的允许。

齐景公命令柏遽巡视全国，寻找善于唱歌的人。晏婴听到这件事，很不高兴，于是把自己封邑禄田所得的粮食分发给百姓，并把装载粮食的器具陈放在路旁，自己步行去见齐景公说：“雨下了十七天了，房屋损坏的每个乡有数十家，忍饥挨饿的每个闾里有数家，百姓中老人儿童，受冻而没有粗布衣裳御寒，饥饿而没有糟糠充饥；难以行走的人，四处顾盼，没有诉说求援的地方。君王不赈济他们，反而日夜饮酒，不停地命令全国选送能歌善舞者，宫中的马匹吃着府库里的粮食，猎狗饱食家畜之肉，后宫姬妾都有充足的粮肉美食。对待犬马姬妾不是太优厚了吗？对待百姓不是太刻薄了吗？所以闾里内的百姓贫穷而无处求告，就不会喜欢有这样的官府了；饥饿而无处求告，也就不会喜欢有这样的国君了。我拿着记事简策，跟随在百官之后充数供职，却让百姓饥饿贫困而无处求告，使君王沉迷于饮酒作乐失去民心而不知忧虑，我的罪过太大了。"说完拜了两拜，叩头到地，请求辞官归去，接着快步走出宫门。

齐景公跟在晏婴后边，加倍赶路也追赶不上，就命令驾车追赶晏婴一直追到晏婴家，也没有追赶上。只见晏婴家里的粮食已全部分给了灾民，装载粮食的器具陈放在路旁。齐景公又驾车在大路上追上了晏婴。齐景公下车跟在晏婴后边说："我有罪过，先生抛弃我不匡助我，我是不足以屈驾先生的，难道先生就不顾国家和百姓了吗？希望先生顾念我，我愿意拿出齐国的粮食、钱财，分发给老百姓，给多给少，谁轻谁重，全听先生的意见。"齐景公就在道旁躬身恳请，晏婴于是返回。

晏婴命令禀去巡视百姓，有农桑种子而没有粮食吃的人家，发给足够一个月食用的粮食；没有种子的人家，发给足够一年食用的粮食；没有积蓄柴火的人家，发给他们柴草，使他们足以度过霖雨之灾。晏婴又命令柏遽巡视百姓，房屋塌坏不能抵御风雨的，发给金钱；视察寻找缺少生活费用的百姓，限三天内办完，超过限期就是巡视官吏不用心执行命令，应当治罪。

齐景公不居住在宫室，减少肉食，撤除宴饮，马匹不再吃府库里的粮食，猎狗不再吃拌了肉的饭，削减歌舞者的待遇，减少对酒徒的赏赐。过了三天，巡视的官吏报告完成任务的情况：贫苦灾民共有一万七千家，分发用粮九十七万钟，柴草一万三千车；房屋毁坏的有二千七百家，分发救济金三千金。齐景公这才回到宫内居住，减少食用，不弹琴瑟，不击钟鼓。

晏婴请求将左右近臣和那些能歌善舞足以令人留恋娱乐的人都离开，歌舞伎人三千名从后宫侍从的队列中斥退，姬妾三人，近臣四人，遣送出宫门之外。

乐亡礼从

晏婴入朝，见杜扃正仰望着朝门，等候在那里。晏婴问道："君侯为什么缘故还没有莅朝？"杜扃答道："君侯连夜举事，到此刻还不能停止下来。"晏婴又问他："到底是什么原因？"他回答说："梁丘据引荐了一个叫虞的歌人，改变了齐音。"

晏婴退朝以后，立即命令宗祝按照礼法拘禁了那个叫虞的歌人。

齐景公听说这件事情后，愤怒地问晏婴："为什么要把虞拘禁起来？"晏婴说："因为他用新的乐音来惑乱主上。"齐景公说："有关诸侯之间的大事，百官所任的政务，寡人愿意都拿来听取你的意见。至于品尝酒醴的味道，欣赏金石的音响这类小事，就希望先生不要过问了。说到乐曲，又何必一定要原有的呢？"晏婴答道："乐亡了礼就会紧随其后而亡，礼亡了政就会紧随其后而亡，政亡了国就会紧随其后而亡。我们的国势已经在趋向衰落了，臣下实在担心主上有不利大政的举动。从前殷纣王作北里舞曲，周幽王周厉王欣赏靡靡之音，都由于那些乐音放纵而鄙俗导致了国家的衰亡。主上您为什么要轻率地改变原有的乐音呢？"齐景公听了说："寡人不幸掌管了国家大业，没有考虑好言辞就说出了以上那些话，请让我接受你的指教吧。"

有一次，齐景公铸造成大吕钟，对晏婴说："我想与先生一起宴饮。"

晏婴说："还没有用它去祭祀先君却用来宴饮作乐，不符合礼仪。"

齐景公说："还讲什么礼仪？"

晏婴说："礼仪，是约束百姓的纲纪，纲纪混乱就会失去百姓，纲纪乱失去百姓，这是危险的道路啊。"

齐景公说："说得好。"于是就用大吕钟祭祀齐国的先君。

宴赏无功

齐景公设宴赏赐国内臣子，赏赐万钟俸禄的有三人，千钟俸禄的有五人，命令发出多次，但是职计都没有听从。齐景公大怒，下令罢免职计的官职，命令发出多次，但是士师也都不听从。齐景公很不高兴。

晏婴觐见齐景公，齐景公对晏婴说："我听说统治国家的君主，喜爱谁就能让谁得利，厌恶谁就能疏远谁。现在我喜爱的人不能得利，我厌恶的人不能疏远，已经失去了作为国君应有的准则了。"

晏婴说："我听说，君主为政平正而臣子服从叫做顺从，君主行为乖张而臣子服从叫做背逆。现在君王赏赐谗佞谄谀的人，却命令有关官吏一定要服从，那就是使君王丧失准则，臣子放弃职守了。先王之所以要确认所喜爱的人，是为了用来勉励人们从善，之所以要确认所厌恶的人，是为了用来禁止暴戾行为。从前夏、商、周三代之所以兴盛，是因为对国家有利的人就爱他，对国家有害的人就厌恶他，所以明确什么样的人是被喜爱的，贤良的人就增多了，明确什么样的人是被厌恶的，奸邪的人就灭迹了，因此天下大治、政治清平，百姓和睦安定。等到了夏、商、周三代衰败的时候，君主的行为安于简慢轻忽，自身安于放纵享乐，顺从自己的人就喜爱他，违背自己的人就厌恶他，所以明确什么

晏婴披阅图

样的人是被喜爱的，奸邪的人就增多了，明确什么样的人是被厌恶的，贤良的人就灭迹了，这就使百姓流离失散，国家面临灭亡的危险。君王上不思考圣明的君主兴盛的原因，下不审察荒怠的君主衰亡的教训。我担心君王有违背正道的行为的时候，有关的官吏不敢争谏，因而使国家倾覆，危及宗庙。"

齐景公说："我不明智啊，请按士师的办法办。"国内赏赐的禄米，收回了不少。

赏罚失中

齐景公偏信和重用了一群谗佞之徒，对于没有功的人滥施奖赏，对于没有罪的人妄加惩罚。晏婴前去劝谏他说："我只听说过明君尊崇圣人，并且笃信他们的教诲，从未听说过可以听凭谗佞之言，就随意进行惩罚奖赏。而今主上与身边的亲信逸乐搅和在一起，甚至说什么：'将要死的人也会尽力寻求享乐吧？我怎么能因为讲仁施仁，就仅止去寻求比受过墨刑的人稍微多一点的欢乐呢！'这样一来，就弄得获幸的姬妾们在都城巧取豪夺，得宠的臣属们在采邑横征暴敛，执法的官吏们也都竞相荼毒百姓了。国人因此而愁苦不堪，贫病交加，而那些邪恶之徒却越来越张狂，总是隐瞒真情，掩饰罪过，蒙蔽和迷惑他们的君主，事情弄到这种地步，即使有大圣人、大贤人置身其间，又怎能承受那些谗言中伤呢！相反地，由于这个缘故，忠诚的臣属们是会经常招致灾祸，受到损害的。我听说，古代的士人遇到这种事情，可以参与其中的就会取得成就，不能参与其中的就会遭到挫折；可以参与其中的就要奋力进取，不能参与其中的就得抽身退避。所以，我只好逃避这种伤害了！"话一完，晏婴就快马加鞭离去了。

齐景公派韩子休去追赶晏婴。转告说："孤背离了仁，不能顺承教诲，所以弄到了这种地步。先生既然执意要抛弃齐国，迁到别的什么地方去，那就让寡人跟随你一起去吧。"

晏婴明白了这些话有悔改之意，就快马加鞭地往回赶。他的侍从问："刚才离开时为什么那样急不可待？现在返回去又为什么这样急不可待？"

晏婴答道："不是你能够领会的，国君的话已经说得很透彻了。"

抱病强谏

瞿王子羡用十六匹马拉的车来求见齐景公，齐景公看过这种见面礼不怎么喜欢。他的宠姬婴子很想看看这一套礼物，齐景公说："等晏婴生病卧床时再说吧。"恰好晏婴生了病卧床在家，他们就在苑内的台上观赏车马，婴子一见便很喜欢，当即为翟王子羡提出请求说："给他重赏吧！"齐景公一口答应了。

晏婴听说后，马上离开了病榻，抱病来见齐景公。

齐景公说："翟王子羡送来的车马，寡人非常喜欢它们，就让他放在这里吧？"

晏婴说："驾御这类事，我没有职责管它。"

齐景公又问："寡人实在很喜欢这些东西，因而打算奖赏他万钟厚禄，大概很够了吧？"

晏婴答道："从前卫国有个姓东野的士人送来一套车马，您很喜欢它，婴子不喜欢，您也说不喜欢，于是看都不看了。而今翟王子羡送来的这套车马，您不喜欢，婴子喜欢，您又顺着她的意思说喜欢；她提出请求，您还马上答应她，这不是让妇人出口成法了吗？况且不是高兴管理人，而是高兴管理马，不是重赏贤人，而是重赏御夫。回想过去，先君桓公领有的国土比现在狭窄，但靠着修明法治，倡扬政教，因而能在诸侯中称霸。如今主上您呢，任随哪个诸侯都不能亲近，举国连年饥荒严重，道路上饿死的人一个挨着一个，您却对此不感到忧虑，不觉得耻辱，反而只顾追求耳目的快乐，不能承继先君的伟业，反而只是贪图驾御的技艺，这就足见您不顾恤臣民，忘记了国家，做得太不得体了！而且，正如《诗》里所说；'载骖载驷，君子所诫。'一辆车驾八匹马，本来就不符合制度了，现在又倍加于此，这样做出不合制度的事，岂不是更加过分了？还有，主上您如果欣赏、喜欢这些东西，国内必定会有不少人也跟着这样做，那么，驾车打猎就会很不方便，要引导臣民百姓循正道，招引远方的人来归附，也会变得不可能。这样用马超过制度好几倍，这绝不是治理臣下的途径。如此在耳目之乐上无节制，不顾治国安民的政事，这是圣明的君主严禁不为的。主上您如果欣赏、喜欢这些东西，诸侯必定会有人效法，您没有崇高的德行和良好的政绩影响诸侯，却用邪恶来代替，这绝不是爱护臣民、传播美名、招引外人、亲近邻国的途径。相反地，贤明优秀的人被罢黜、伤害，孤独鳏寡的人得不到关照，却去听许嬖妾重赏御夫，从而积聚怨愤，这正是同臣民造成仇隙的歧路啊。《诗》上还说过：'哲夫成城，哲妇倾城。'倘若主上您不考虑求取立国之道，反倒致力于覆国之途，那么，国家灭亡的日子很快就要到了！请您仔细地斟酌一下吧！"齐景公说："有道理。"

于是，齐景公不再观看那套车马，并且命令翟王子羡各自回去，还疏远了嬖人婴子。

倾国之道

齐景公有五个儿子，派去辅佐他们的人，都是据有兵车百辆的卿大夫，晏婴是其中的一个。齐景公召见这些担任相傅重任的人说："努力地干吧！要让你所辅佐的人做太子。"轮到晏婴的时候，晏婴谢绝

道："国君差遣他的臣属，按着他们的肩头，要求他们尽心尽力干，臣属胆敢不尽力而为吗？但有了这么几家卿大夫，这些人都是整个国内权力在握的重臣之一，如果人人都拿主上的指示来支配自己：'要让你所辅佐的人做太子。'那就是在分散树立各自的势力，正是一种导致国家倾覆的做法。晏婴不敢接受这样的指示，希望主上仔细考虑一下吧！"

当初，淳于国人把美女进献给齐景公，生了孺子荼，齐景公十分宠爱他。

齐景公的众臣谋划要废掉公子阳生而立荼为太子。齐景公将此事告诉了晏婴。

晏婴说："不行。让地位低贱的与地位尊贵的匹敌，是国家的祸害；废弃年长的而立年幼的，是祸乱的根源。阳生年长，国内的人都爱戴他，君王还是不要废长立幼！人的地位有等差，所以地位低贱的人不敢欺凌地位高贵的人；立太子有一定的礼仪制度，所以庶子不能扰乱嫡子。希望君王用礼仪来教导荼而不要让他陷于邪恶，用道义来引导他而不要让他沉湎于利欲。年长的年幼的都按各自的原则行事，嫡子、庶子的关系就符合伦常。阳生怎么会不让荼享受美味、欣赏音乐歌舞，而让他有祸患呢？废长子立少子，这样做不可能对臣下有教益；使庶子尊贵而使嫡子卑下，这样做不可能使君王所爱的人有利。长子少子没有等级，嫡子庶子没有差别，是留下灾害种下祸乱的根源。君王要好好考虑！古代圣明的君主，并不是不知道尽情享乐，而是他们知道享乐过度就会有悲哀，并不是不知道要确立自己所宠爱的人，而是知道丧失了道义就会有忧患。所以创作音乐有节制，确立太子必须遵循礼法。至于凭借进谗阿谀来侍奉君王的人，不能任用听信他们。现在君王采纳谗谀之人的主张，听信作乱之人的言论，废长子立少子，我担心以后的人会利用君王的过失而助长他们的邪念，废掉少子立长子来达到他们私利。希望君王好好考虑！"

齐景公不听从晏婴的劝谏。

齐景公死后，田氏杀掉已立为君的荼，立阳生为君；后来又杀掉阳生，立壬为君，又杀掉壬，最终夺取了齐国。这就是"田氏代齐"的历史事件。

善于解惑

齐景公患疥癣病和疟疾，整整一年还没有痊愈，于是召见会谴、梁丘据、晏婴，问他们说："我的病痛苦极了，派遣太史固与太祝佗巡祭山川之神和宗庙，祭祀用的牲畜、璧玉，无不齐备，供品的数量比先君桓公还多，桓公用一份祭品，而我用两份。但是我的病不见好，反而加重了，我想杀掉这两个人来取悦天帝，这样做可以吗？"

会谴、梁丘据说："可以。"晏婴不回答。齐景公说："晏婴你认为怎样？"晏婴回答说："君王认为祝祷上天有好处吗？"齐景公说："是的。"

晏婴说："如果认为祝祷上天有好处，那么诅咒也会有损害了。君王疏远左右股肱之臣，忠臣言路被阻塞，劝谏的话没有人说。我听说君王身边的臣子默不作声，远离君王的臣子有话不能说。众人同声指责，足可以熔化金子。现在从聊城、摄城以东，到姑水、尤水以西广大地区，人口众多，百姓憎恶怨恨，向上天诅咒您的人很多。全国人诅咒您，两个人为您祝祷，即使是善于祝祷的人也不能祝祷成功。况且如果祝祷的人直言讲实情，就是诽谤我们的君王；如果隐瞒您的过失，就是欺骗天帝。天帝如果真的有神灵，就不可以欺骗；天帝如果没有神灵，那么祝祷也没有用处。希望君王能明察。不然的话，杀戮无罪的人，就是导致夏朝、商朝灭亡的原因啊。"

齐景公说："先生善于消解我的迷惑，应该加官晋爵！"

齐景公下令会谴不再管理齐国的政事，梁丘据不再管理迎送宾客的任务，这些事情都由晏婴兼管。晏婴推辞，没有得到允许，就接受了相国的职位而退下，主持国政，到了下个月，齐景公的病痊愈了。

齐景公说："从前我们的先君桓公认为管仲有功劳，把狐和穀两邑封给他，以便供给祭祀宗庙用的野兽，赏赐忠臣，就是嘉奖忠臣。您是当今的忠臣，让我把州款这个地方赏赐给您。"

晏婴辞谢说："管仲有一优点，我比不上；管仲有一缺点，我不忍心那样做，就是他为了宗庙祭祀用的野兽而受封地。"晏婴最终坚决辞谢，没有接受封地。

封人三祝

齐景公出游到了麦丘，问邑人说："你年岁多大了？"

邑人回答说："我八十五岁了。"

齐景公说："真是长寿啊！你为我祝福吧！"

邑人说："祝愿君王比齐国先君胡公静还长寿，为国家造福。"

齐景公说："好啊！你再为我祝福吧！"

邑人说："祝愿君王的子孙都像我一样长寿。"

齐景公说："好啊！你再为我祝福吧！"

邑人说："祝愿君王不要得罪百姓。"

齐景公说："只有百姓得罪君王，哪有君王得罪百姓的呢？"

晏婴进谏说："君王的话错了。那些远在地方上的官员犯了罪，有朝廷的大臣代君去惩治他；地位低贱的人犯罪，有地位尊贵的人去惩治他；国君得罪了百姓，谁来惩治他呢？请问，夏桀、商纣，是当国君的去惩处他，还是百姓去惩处他？"

齐景公说："我太固陋了。"于是将麦丘赏赐给那个邑人作食邑。

请逐楚巫

楚国有个叫微的巫师通过裔款的引导而见到齐景公，在齐景公身边陪坐了三天，齐景公很喜欢他。楚巫微对齐景公说："您是英明圣德的君主，是能成就帝业的国君啊。您在位已有十七年了，事业没有取得明显的成就，这是因为您的英明与圣德还没有显现出来。请让我致告五帝之神，以此来彰明您的圣德。"齐景公向楚巫微拜了两拜，叩头到地。楚巫微说："请让我到都城的郊外去巡行，以便观察五帝之神的方位。"齐景公和楚巫微到了牛山却不敢登上去，楚巫微说："五帝之神的方位，在国都的南边，请斋戒以后再登上去。"齐景公命令百官在楚巫微居住的地方供奉斋祭的用品，由裔款主持这件事。

晏婴听到这件事后，便去见齐景公说："您让楚巫微斋祭牛山吗？"

齐景公说："是的。我想致告五帝以此昭明我的德行，神灵将会降福于我，这样做会有好处吧！"

晏婴说："君王的话错了！古时候的王者，道德淳厚，足以使国家安定，胸怀宽广，足可以包容大众。诸侯拥戴他，把他作为领袖；百姓归附他，把他当作父母。所以天地四时和谐而不失序，日月星辰依次运行而不混乱。道德淳厚，心胸宽广，合乎天意，合乎时宜，然后才能成为称帝称王的国君，成为英明神圣的君主。古时候的明君不会做事懈怠而祭祀频繁，不轻视自己的力量而去依赖神巫求福。现在政治昏乱，行为乖僻，却想达到五帝的圣明德业。弃置贤德的人而依赖巫师，却想求得成就帝王之业。百姓不会随便对君主感恩戴德，福也不会随便降临，君王想成为帝王，不是很困难的事吗！可惜啊！君王的地位如此之高，所说的话却如此低浅啊。"

齐景公说："裔款把楚巫微推荐给我说：'您姑且见他一见，看看他究竟如何。'我见了楚巫微就喜欢他，相信了他所说的一套，按照他的话去做。现在先生指责这件事，请让我驱逐楚巫微，拘捕裔款。"

晏婴说："不能把楚巫微驱逐出齐国。"

齐景公说："为什么呢？"

晏婴说："将楚巫微驱逐出齐国，必定有其他诸侯收留他。君王听信他，因而在国内造成过错，这是不明智；把他驱逐出去转嫁给齐国以外的其他诸侯，就是不仁义。请把楚巫微放逐到东面滨海边地，把裔款囚禁起来。"

齐景公说："好吧。"因此把楚巫微放逐到东面滨海边地，把裔款囚禁在国都。

齐景公祈雨

齐国发生大旱灾，过了下雨的季节仍不下雨，齐景公召见群臣问道："老天已经很久不下雨了，老百姓都已面带饥色。我让人占卜，回答是'高山大河作祟。'我想稍稍征收些赋税，用来祭祀灵山，可以吗？"群臣没有人回答。

晏婴上前说："不可以！祭祀灵山没有什么好处。灵山本来以石头作为身体，以草木作为毛发，老天很久不下雨，它的毛发将会枯焦，身体将会发热，难道它不希望下雨吗？祭祀它没有用处。"

齐景公说："如果不祭祀灵山，我想祭祀河伯，可以吗？"

晏婴说："也不可以！河伯以水作为自己的国土，以鱼鳖作为自己的臣民，老天很久不下雨，水源将会减少，所有的河流将会干涸，河伯的水国将会消失，它的臣民将会灭绝，难道它不希望下雨吗？祭祀它有什么用处！"

齐景公问："现在该怎么办呢？"

晏婴说："君王如果离开宫殿，到野外露宿，与灵山、河伯共忧患，或许侥幸能下雨吧。"

齐景公于是离开宫殿到野外露宿，过了三天，老天果然下了大雨，老百姓全都得以及时栽种。齐景公说："好啊，晏婴的话可以不听取吗！他是有德行的人呀。"

有国之乐

齐景公在淄水边观赏，与晏婴悠闲地站在岸边。齐景公感慨地叹息说："唉！假使国家可以长期保持住并且传给子孙，岂不是很快乐吗？"

晏婴回答说："我听说圣明的君主不是凭空确立的，百姓也不会白白地来归附。现在君王用政令使国家混乱，用行为背弃百姓已经很久了，而您却说想长久保持住国家，不是很困难吗！我听说，能够长期保持住国家的人，是那些能善始善终的人。各国诸侯并存，能善始善终的成为领袖；众多学子在一起学习，能善始善终的成为老师。从前先君桓公，当他任用贤能、崇尚道德的时候，被颠覆了的国家依靠他才得以保存，处境危险的国家仰仗他才得以安定，所以百姓喜欢他的德政而天下人推崇他的德行。他去远方征伐残暴的人，劳苦的士卒不怨恨；他统率天下的诸侯去朝拜周天子，而诸侯都没有怨言。那个时候，盛德之君的品行没有能再超过他的了。等到他最后衰微的时候，道德荒怠，纵情享乐，自身沉溺于女色，而国家大事则依赖竖刁这些人，所以百姓在他的统治下苦不堪言，天下人也非议他的行为，他自己死于胡宫而不能发丧，尸体腐烂生了虫而没有人去收殓。那时候，夏桀、商纣的死也不能比他更惨。《诗经》中'万事大多有个好开头，但是很少能有好收场。'不能始终为善的国君，不会最终保持君位。现在君王统治百姓就像对待仇敌一样，看见善行就像躲避炎热一样。扰乱国政而危害贤良的人，必定违背民心，随心所欲地搜刮百姓，残暴诛杀臣下，恐怕要危及自身。我年纪大了，不能再听候君主使唤了，如果您的行为不能改变，那么我就坚守自己的节操直到死亡。"

牛山独笑

齐景公在牛山游览，面向北方望见了他的国都，流下眼泪说："如此宏大壮美的地方，我却不能永远拥有它。人为什么要死去呢？"艾孔、梁丘据都跟着他抽泣起来，只有晏婴偏偏在一旁偷笑。

齐景公拭去眼泪，盯住晏婴问道："寡人今天的游览太触景伤情了，艾孔和梁丘据都跟着寡人伤心落泪，你却这样地独自发笑，是什么缘故呢？"

晏婴答道："如果让贤明的君主永久保持这一切，那么太公、桓公早就永久地保持它们了；如果让勇武的君主永久保持这一切，那么灵公、庄公早就永久地保持它们了。这几位君主要是永久地保持它们，那么我们的主上您又怎么能够得到这个位置，立为一国之君呢？正是由于交替着据有这些，交替着离开它们，才传递给了您。但是，您如今偏偏因此而流下眼泪，这就未免不仁。看到了一个不仁的国君，又看到两个谄谀的佞臣，这就是我偏偏私下发笑的原因。"

一日三责

齐景公出游到公阜，面向北方望见了齐国的都城，不禁大发感慨："哎呀！要是自古以来人都不会死，那种乐趣该是怎么样的啊？"晏婴说道："从前，至上的天帝认为人的死是一件大好事，因为仁义的人从中得到了安息，不仁的人由此隐匿了形迹。倘若让自古以来的人都不死，那么，太公、丁公就会永久性地据有齐国，武公、文公、襄公、桓公就会都在辅佐他们，而主上您却得头戴竹笠，身穿麻衣，手拿大锄、小锄，弯腰屈膝地奔走在田地中间，哪里还有余闲工夫来忧虑死或不死的事情？"齐景公一听，气得变了脸色，很不高兴。

不多久，梁丘据乘着六匹马拉的车飞驰而来。齐景公问："这是谁呀？"晏婴道："是梁丘据。"齐景公问："你怎么知道是他呢？"晏婴道："盛暑时节却飞车疾驰，猛一些就会把马整死，轻一点也会把马搞伤，除了梁丘据谁还做得出这种事情来？"齐景公又问："梁丘据与我算得上和吧？"晏婴答道："这属于通常说的同。至于通常说的和，乃是指国君感到甜的，臣子就该想到酸，国君喜欢淡的，臣子就该调和咸。如今梁丘据以为甜的，主上您也认为甜，正是通常说的同，怎么能够称为和？"齐景公一听，气得变了脸色，很不高兴。

不多久，天色近晚，齐景公面向西方望见了彗星，立即召见伯常骞，派他祭祷，除掉这种灾星。晏婴劝阻说："不能那样做，这是老天爷在告诫人间。大凡太阳、月亮有变异，风、雨发生不合时令，彗星出现之类，都是老天爷因为庶民的灾乱而让它们显现出来，用以告诉我们凶祸的征兆，警戒不恭敬的人。如今主上您要是承受天象，接受谏言，亲近圣明、贤良的人，即使不除掉彗星，彗星也会自行消失的。倘若主上您继续好酒无节，舞乐无度，不整治政务，对小人宽宥，亲近谗佞，宠爱俳优，厌恶天象，疏远圣贤，那么，岂止于出现一个彗星呢？恐怕莩星也将要出现了。"齐景公一听，气得变了脸色，很不高兴。

直到晏婴去世后，齐景公才在出屏墙时抽泣着叹道："哎呀！从前我让这位好先生随我一同游公阜，这位好先生一天三次责督我，现在有谁还能来责督寡人啊！"

 不恤冻馁

齐景公外出游览到寒，在路途上看见一些腐烂的尸体，沉默着不予过问。

晏婴谏诤道："从前先君桓公出游的时候，看到饥饿的人就给他们食物，看到生病的人就给他们钱财，征调使用时不让他们费力太多，征收赋税不让他们负担过重。所以先君将要出游时，庶民百姓都兴高采烈地说：'国君该赏光巡游到我们的乡里来吧！'而今主上您巡游到寒，一路上都靠着居处在这四十里的庶民百姓，耗尽了他们的财力也不能满足贡奉的需求，用尽了他们的体力也不能完成派定的劳役，许多庶民百姓都在受冻挨饿，冻饿而死的人的尸体随处可见，但主上您却不闻不问，这就背离了为君之道了。如果财穷力尽，在下者就不会亲近在上者；如果傲慢奢侈，在上者就不会关心在下者。上下之间互相离异，君臣之间不相亲近，这就是三代衰亡的原因之所在。如今主上您这样做，晏婴我真担心公族的地位危殆，而这一切就将变成异姓的福音！"

齐景公说："是这个道理！作为在上者而忘记了在下者，过多地征收赋税而忘记了庶民百姓的承受能力，我的过失实在是太大了！"当即就下令收殓路途上的尸体，给乡民们发放粮食，特许居住在这四十里的老百姓一年内不承担劳役，齐景公自己也三个月内不出游。

有一年冬天，大雪下了三天还不停止，齐景公披着白色的狐皮裘衣，坐在殿堂侧边的台阶上。

晏婴进宫拜见齐景公，站了一会儿，齐景公说："怪啊！大雪下了三天而天气竟然不寒冷。"晏婴回答说："天气果真不寒冷吗？"齐景公笑了。

晏婴说："我听说古代贤明的君主，吃饱的时候能知道有人在挨饿，穿得暖和的时候能知道有人在受冻，安逸的时候能知道有人在劳苦。现在君王不知道这些啊！"

齐景公说："说得对！我受教了。"齐景公于是下令拿出裘衣和粮食，发放给饥寒交迫的人。下令在路上看到这些人，不要问他是哪个乡的，在闾里看到这些人，不要问他是哪一家的，按照国家规定发给，不必报出他们的姓名。已经任公职的人发给两个月救济粮，有病的人发给两年的救济粮。

孔子听到这件事以后说："晏婴能够明白自己应该做的事情，齐景公能做他所高兴做的善事。"

荧惑守虚

齐景公在位的时候，荧惑（即火星）停留在虚宿的位置上，整整一年没有离去。齐景公感到很奇怪，召见晏婴询问他说："我听说，人做善事，上天就降福于他，人做恶事，上天就降灾于他。荧惑的出现，是上天施行惩罚的先兆。现在它停留在虚宿的位置上，谁将承受惩罚呢？"晏婴说："齐国将承受惩罚。"

齐景公很不高兴，说："天下大国有十二个，都是诸侯，为什么单单要由齐国来承当？"

晏婴说："虚宿，是齐国的分野。况且上天降下灾祸，本来就是要降给富强的国家。现在的齐国，做善事的人不被任用，发出的政令得不到执行，圣贤的人被疏远，谗谀小人反而气焰嚣张。老百姓痛恨怨恶，这是自我制造妖祥，庸碌无为却强行狡辩，掩饰过错，走向灭亡而不知悲伤！所以众星宿都乱了次序，灾星发出光芒，荧惑去而复返，灾星就在荧惑之旁。有贤能的人不任用，怎么能不灭亡！"

齐景公说："可以消除吗？"

晏婴说："能实行消除的办法就能消除，不能实行消除的办法就不能消除。"

齐景公说："我应该怎么做呢？"

晏婴说："为什么不免除冤狱，使受冤的人返回田间；散发百官的钱财，施舍给百姓；救济孤儿寡妇，敬养老人。如果这样做了，可以消除百恶，何止是这个灾星呢！"

齐景公说："说得好啊！"这样实行了三个月，荧惑就离开了齐国。

梦二丈夫

齐景公兴兵将要攻打宋国，军队经过泰山，齐景公梦见两个男子站在他面前发怒，他们怒气极盛，齐景公很害怕，惊醒了。打开门召见占梦的人，占梦的人来到，齐景公说："今天夜里我梦见两个男子站在我的面前发怒，不知道他们说了些什么，他们怒气极盛，我还能记得他们的形象，记得他们的声音。"占梦的人说："军队经过泰山而不祭祀，所以泰山的山神发怒了。请您赶快召来祝史让他祭祀泰山山神，这样就可以了。"齐景公说："好吧。"

第二天，晏婴朝见齐景公，齐景公把占梦人说的话告诉了晏婴。齐景公说："占梦人的话是这样说的：'军队经过泰山而不祭祀，所以泰山的山神发怒了。'现在已经派人召祝史让他去祭祀泰山。"

晏婴低头沉思了一会儿说："占梦的人不认识梦里的人，这两人不是泰山的山神，而是宋国的祖先成汤和伊尹。"齐景公表示怀疑，认为是泰山的山神。晏婴说："君王怀疑我的话，那么就请让我说说成汤和伊尹的形象吧。成汤皮肤白皙，身材高大，脸长而长满胡须，面部上小下大，身子稍曲而声音洪亮。"齐景公说："是，是的。"晏婴又说："伊尹皮肤黝黑，身材矮小，头发蓬松，面有胡须，面部上大下小，脊背佝偻，声音低沉。"齐景公说："是，是的，现在应该怎么办？"晏婴说："成汤、太甲、武丁、祖乙，都是天下有盛德的国君，不应该没有后人。现在唯一的后人只有宋国了，而君王攻打他们，所以成汤、伊尹要发怒，请撤回军队，与宋国和好。"

齐景公不采纳晏婴的建议，坚持攻打宋国。晏婴说："攻打没有罪过的国家，会惹怒神明，不改变攻打宋国的行动，维持两国的和好关系，相反却进军走向灾祸，这不是我所能理解的。军队如果真的前进，将士必定会有祸殃。"齐国军队前进了六十里，就战鼓毁坏，将帅死亡。齐景公这才向晏婴谢罪，撤回了军队，最终放弃攻打宋国。

畋猎不归

齐景公在署梁打猎，十八天过去了还不打算返回。晏婴从都城出发，前去拜见他。等到赶至打猎的地方，衣裳、帽子都不端正了，但他没有停下来整理一下衣裳、帽子，只顾朝着齐景公乘坐的车子飞奔而去。

齐景公望见了晏婴，赶紧下车迎着招呼道："先生怎么这样急呀？都莫非发生了什么变故？"

晏婴答道："您这不也是在急吗！尽管不像您所担心的那个样子，但我确实有话需要禀告您。现在都城的人都在议论，认为主上您是把郊野当成了安逸舒适的地方，却不管都中的大事，喜欢飞禽走兽，却厌弃庶民百姓，这样下去大概是不行的吧？"

齐景公不以为然地说："怎么会呢！我替夫妇之间处理狱讼纠纷，难道做得不公正吗？果真如此，那还有太士子牛在嘛。对土神、谷神和祖宗祀庙的供奉祭祷，难道不守时、不虔诚吗？果真如此，还有太祝子游在

晏婴

嘛。在诸侯宾客的交往中，难道没有做好对他们的接待应对吗？果真如此，那还有行人子羽在嘛。各地的田地难道还有未曾开辟的，仓廪难道还有未曾装满的吗？果真如此，那还有司田在嘛。国家的收支难道出现了有余不足的麻烦吗？果真如此，还有你老先生在嘛。寡人有了你们五个人，就好比心脏有了四肢。心脏有了四肢，就能轻松安闲。而今寡人有了你们五个人，寡人也同样能够轻松安闲，这怎么不行呢？"

晏婴说："我听说过的道理，与您讲的这些不一样。倘若仅就心脏有了四肢，心脏就能轻松安闲而言，自然是说得过去的；但是，能让四肢没有心脏的统领支配，多达十八天，这不是太久长了吗？"

齐景公无言以对，只好终止了打猎，返回都城。

仁爱之心

齐景公正在射鸟，一个乡下人惊吓走了那只鸟。齐景公大发脾气，命令随从的官吏杀掉那个人。晏婴劝解道："这个乡下人不了解情况呀。臣下我听说过，奖赏无功的人就叫做乱，加罪于不了解情况的人就叫做虐。这两样，都是先王引为禁戒的。如果因为飞走了一只鸟就违犯先王的禁戒，那是不恰当的。而今主上您却不明白先王订下的法度，又缺少施行仁义的心肠，竟这样放纵自己的意志而随意地进行诛杀。鸟兽本来是人畜养的，这个乡下人惊走了它，不也是可以的吗？"齐景公说："对！从今往后，就放宽关于鸟兽方面的禁令，不要再用来烦扰百姓了。"

还有一次，齐景公让圉人饲养他所喜爱的马，这马却突然死了。齐景公大怒，命令人拿刀肢解圉人。当时晏婴正侍从在齐景公身边，齐景公左右的人拿着刀向养马人走去，晏婴让他们停下，问齐景公说："尧舜肢解人，不知从身体的哪一个部位开始？"齐景公猛然醒悟，说："肢解人的事从我开始。"于是就不再肢解圉人。齐景公说："把他交给狱吏治罪。"晏婴说："这样他不知道自己犯了什么罪而被处死，我替君主列举他的罪状，使他知道自己的罪行，然后再把他交给狱吏治罪。"齐景公说："可以。"

晏婴数说圉人说："你的罪行有三条，君王让你养马而你却把马养死了，是你该死的第一条罪状；你养死的是君王最喜爱的马，是你该死的第二条罪状；你让君王因为死了一匹马的缘故而杀人，百姓知道这件事情后，一定会怨恨我们的君王，诸侯知道这件事后，必定会轻视我们齐国，你养死了君王的马，使百姓对君王心存怨恨，使军队示弱于邻国，这是你该死的第三条罪状。现在把你交给狱吏治罪。"

齐景公长叹一声说："先生放了他！先生放了他！不要损害我的仁德。"

人在暴怒时，常会意气用事，说出或做出一些与常理相悖之事。齐景公在爱马死了以后，伤心过度，一时气极，竟要以极刑处死养马者。

虽然臣子们都知道这个做法是不对的，但齐景公暴怒之下，倘若强要直言相劝，只怕不但无法解救养马者，自己也要惹祸上身。

晏婴在此情急之下，能沉稳不乱，并急中生智，以善巧的劝谏，解救了养马者，同时，也让齐景公发现自己的过错，收回成命，可以说真是智慧过人啊！

以礼治国

第四章

宽政爱民

「仁」是儒家的执政理念，晏婴不是儒家，但他也把「仁」作为施政的中心内容。他坚持认为「意莫高于爱民，行莫厚于乐民」。遇有灾荒，国家不发粮救灾，他就将自家的粮食分给灾民救急，然后将劝谏君主赈灾，深得百姓爱戴。对外则主张与邻国和平相处，不事挞伐。齐景公要伐鲁国，他劝齐景公「请礼鲁以息吾怨，遗其执，以明吾德」，齐景公「乃不伐鲁」。

薄敛省刑

齐景公在位时赋税繁重，讼事众多，被拘禁的人塞满监狱，发怨言的人遍布朝野。晏婴一再进谏，齐景公总是不听。齐景公还对晏婴说："管理狱讼，是国家的一个重要官职，我想交给先生去主持。"

晏婴答道："主上打算让晏婴去理顺这件事情吗？那么晏婴只要有一个女子能够记写，就足以做好这件事情了。主上打算让晏婴去理顺那些情绪吗？庶民百姓没有谁甘愿他们的身家性命受到残害，而拿去满足暴虐的国君的癖好，所以主上只需派官吏加以考索并杀掉他们就万事了结了。"

齐景公大不高兴，嚷道："理顺这件事情就只需支派一个女子，理顺那些情绪就干脆考索杀掉，像这样简单，先生岂不是说不上有什么确保治国的方略吗？"

晏婴说："晏婴所了解的与主上不大一样。比如胡、貉、戎、狄之人喂养狗，多的十几只，少的五六只，但彼此之间不会伤害。如果缚着鸡和猪随便抛给那些狗，它们会为此争斗得折断骨头裂伤肌肤，可以马上见诸眼前。只有在上者整肃自己的管理，在下者认清自己的等次，贵贱之间才不至于发生超越界限的事。但主上拿出千钟爵禄却随意抛给左右的人，左右的人争夺爵禄比胡狗还凶，主上却无所知。要是一寸长的管子没有底，那么用尽天下的粮食也不能装满它。如今齐国男子耕种，女子纺织，夜以继日地干，还是不能满足供奉国君的需求，而主上身边到处都是雕文刻镂的楼台景观。这就好比是没有底的管子，主上却始终无所知。要是五尺高的孩子手执一寸长的一把火，那么用尽天下的柴薪也不够他烧。但主上左右的人都是举火之徒，主上也始终无所知。宫中钟鼓排列成行，干戚舞乐不休，纵然是大禹也不能禁止庶民百姓注目观看。要想抑制庶民百姓的欲念，锢锁他们的观察，阻遏他们的思考，连圣人都很困难，何况是掠夺他们的财产而让他们挨饿，烦劳他们的体力而让他们疲困，长期使他们受苦而让他们接受严酷的狱讼，受到惨痛的责罚，实在都不是晏婴所能理解的了。"

救犯槐者

齐景公有一株心爱的槐树，命令官吏们小心地守护着它，并且立了根木柱挂了张牌告，上面写道："冲撞了槐树的人一律判刑，伤坏了槐树的人一律处死。"有一个人没有听说过这道敕令，喝醉了酒以后冲撞了它，齐景公一听此事就断言："这是领头违反我的敕令。"立即派官吏去拘捕了他，将要给予惩处。

那个人的女儿到晏婴家求情，对晏婴说道："国君在槐树旁挂了一道敕令，冲撞它的人一律判刑，伤坏它的人一律处死。妾的父亲没出息，没有听说有这道敕令，喝醉酒后冲撞了它，官吏就要惩处他。妾曾听说过，英明的君主君临天下制订法令，从来就不减少俸禄，不增加刑罚，并且不因为私愤而损害公法，不因为禽兽而伤害人民，不因为草木而伤害禽兽，不因为野草而伤害禾苗。我们的国君却打算因为一株树木的缘故而杀掉妾的父亲，使妾成为孤身女子，这样的敕令已经在百姓中传开，并且成为一国之法了。尽管如此，妾还是听说过，勇武之士是不会凭着人多势强而欺凌孤独者的，明惠之君更是不会有悖于正确的事理而随便按自己的意愿行事的。如今国君既然已向百姓发出了敕令，倘若这道敕令真的可以为国立法，并且对后世也增添好处，那么妾的父亲纵然一死也是应该的，妾给他收尸也是合情合理的。但是事实上太过分了呀！现在的敕令并不是这样的，而是因为一株树木的缘故，就要惩处妾的父亲，所以妾担心这样做将会使明察的官吏执法受到伤害，也会使英明的君主处事受到伤害。邻国要是听说了这种事，都会认为我们的国君爱的是树，贱的是人，这样能行吗？希望相国明察妾的话，裁断妾父犯禁这件事。"晏婴感叹道："的确是太过分了！我将在国君面前替你说话。"于是派人送她回去。

第二天早朝的时候，晏婴向齐景公报告说："晏婴我曾听说，把百姓的财力弄得一干二净，以满足自己的嗜欲就叫作暴，崇尚玩乐珍奇，威风气派向君主看齐就叫作逆，随意惩处杀害无罪的人就叫作贼，这三条，都是治国的大灾害。而今主上您把百姓的财力弄得一干二净，使得为您备办的饮食更丰富，为您逸乐的钟鼓更繁富，为您观赏的宫室更极致，这就是很大的行暴；崇尚玩乐珍奇，悬挂爱护槐树的敕令，乘车而过的人必须急驰，步行而过的人必须小跑，威风气派与君王相同，这就是分明的行逆；冲撞槐树的人就要判刑，伤坏槐树的人就要处死，如此不合理地动刑施杀，这就是很深的害民。主上您承继国家大业以来，德行还没有在民众中显现出来，可是三种过失却在全国张扬开去，晏婴我实在担心您将因此而不能继续君临天下统率民众了！"齐景公说："如果没有大夫来指教寡人，寡人几乎铸成大罪而危害社稷。而今得到了大夫的指教，真是社稷的福分，寡人接受你的指教了。"

晏婴离开朝堂后，齐景公下令赶快撤走守护槐树的官兵，拔除悬挂敕令的木柱，废除关于伤槐受刑的法令，释放了冲撞槐树的囚徒。

善为人臣

晏婴出使到鲁国去，趁着他刚离开齐国，齐景公便召令国人兴起了修建大台的劳役。当时天气非常寒冷，冻饿不堪的人遍乡都有，国人无不盼望晏婴早点回来。

晏婴回到齐国，报告过出使的情况以后，齐景公就叫他一起坐下，饮酒畅谈，十分快活。晏婴乘便说道："主上如果恩准我，就请让我唱支歌。"得到同意后，他唱道："庶民的歌谣说：'冻水洗我，若之何！太上靡敝我，若之何！'"唱完之后，晏婴长叹不已，泪流满面。齐景公靠近他，劝止说："先生为什么缘故弄得这个样子呢？大概是为了修建大台的事吧？寡人将尽快让这次劳役停止下来。"晏婴听了，对齐景公拜了又拜。

晏婴从宫里出来，什么话也没有对人说，就赶往大台工地去，拿着刑杖鞭打那些不肯卖力干活的人，说道："我们这一些地位低贱的人，大家都有房屋住，靠着它来避免燥热潮湿。主上要建造一座大台，却不赶紧完成它，居心到底何在？"国人都咒骂他："这个晏婴啊，简直在助纣为虐！"晏婴却自顾自回家去了。他还没有到家门，齐景公已经发出旨令，叫赶快停止这一次劳役，传令官员的车子驰过之处，人们都跟着跑动欢呼。

孔子听说这件事情后，感慨地赞道："自古以来会做人臣的人，总是把美好的声誉归于君主，把招怨的灾祸留给自己，在朝堂内就恳切地探讨他的君主哪些事情做得不对，在朝堂外又尽量地宣扬他的君主如何有德，因此，纵然效力的是庸怠的君主，也能让他的君主无为而治天下，招徕诸侯朝贺，而他们自己却从不炫耀自己的功劳。堪称有这种美德的，或许晏婴就是一个突出的典型吧！"

谏止劳役

齐景公修建庞大的房舍，想要把它修建得非常华丽。

一天刮起了大风下起了大雨。齐景公和晏婴一起入座饮酒，将宫里的乐工招来助兴。酒喝得正畅快时，晏婴起身唱起歌来："禾苗有穗啊不能收获，秋风吹来啊全部散落。风雨吹拂摇散它啊，上天凋敝生民啊！"唱完，转过头流下了眼泪，又张开双臂跳起了舞。

齐景公走近晏婴让他停下来，说："今天先生给我告诫，这是我的罪过。"于是撤去酒宴，停止劳役，不再修建庞大的房舍。

还有一次，齐景公又修筑通往邹国的长路。

晏婴劝谏说："老百姓的劳役太繁重了！君王还不停止这些劳役吗？"

齐景公说："路快要筑成了，请等到修成后再停止吧。"

晏婴说："君主耗尽民财，自己最终不能获得利益；使百姓精疲力竭，自己最终不能得到快乐。从前楚灵王修建顷宫，花了三年时间还不停止；又建章华台，花了五年时间还没有停止；伐吴的乾溪战役打了整整八年，因为百姓的力量不足而自动结束。楚灵王死在乾溪，百姓不允许把他的尸体运回国。现在君王不遵循圣明君主的道义行事，却顺着楚灵王的足迹走，我害怕君王有残害百姓的行为，却不能看见长康台建成的欢乐了。不如停止。"

齐景公说："好！不是先生教导，我还没有意识到得罪百姓已经到了很严重的地步。"于是下令不要损坏已修好的路，剩下的赋税不再收敛，拆掉筑路的模板，让服役的人回家。

后来，齐景公又想铸造大钟。晏婴劝谏说："统治国家的君主不能把百姓的悲哀当做自己的欢乐。君王的欲望没有穷尽，已经修建了高台，现在又想铸造大钟，这样就要加重百姓的赋役，百姓一定感到很哀伤。加重百姓的赋役使他们哀伤，而以此来供自己享乐，这是不吉祥的，这不是统治国家的君主应该做的事。"齐景公于是打消了铸造大钟的念头。

国有三不祥

齐景公外出打猎，登上山岭看见了老虎，下到洼地又看见了水蛇。回宫后，他便召来晏婴问他道："今天寡人外出打猎，登上山岭就看见了老虎，下到洼地又看见了水蛇，这大概就是通常所说的不吉利的征兆吧？"

晏婴回答说："对国家来说，有三种情况属于不吉利的征兆，您所说的这些事情都不在其中。如果有了贤能的人却不了解，是第一个不吉利的征兆；虽然了解了却不能任用，是第二个不吉利的征兆；虽然任用了却不能信任，是第三个不吉利的征兆。通常所说的不吉利的征兆，归根结底就是这样的。今天您登上山岭见到老虎，那里本来就是老虎的藏身之地；下到洼地见到水蛇，那里本来就是水蛇的容身之所。在老虎的藏身之地或在水蛇的容身之所见到它们，怎么能算是不吉利的征兆呢？"

魂魄之失

齐景公建了一个回环曲折的西曲潢池，池水的深度可以淹没车轴，又在水池上修筑一座宫室，宫室高数丈，梁上雕刻着龙蛇的花纹，柱子上雕刻着鸟兽的花纹。齐景公穿着绣有黼黻花纹的上衣，白色绣花的下裳，一身衣服各种色彩都齐备；衣带上缀着美玉，帽子上系着丝带，披散着头发，面朝南站立，神态傲慢自得。

晏婴拜见齐景公，齐景公问："从前管仲辅佐先君桓公称霸的时候是个什么样子？"晏婴低头不回答。

齐景公又问："从前管仲辅佐先君桓公称霸的时候是个什么样子？"

晏婴回答说："我听说，只有狄人把自己与龙蛇相比，现在君王在宫室的梁上雕刻龙蛇，柱子上雕刻鸟兽，不过是一间屋子的成就罢了，哪有时间去考虑霸业呢？况且君王夸耀宫室的华美，夸耀衣服的艳丽，一身衣服各种色彩都齐备，衣带上缀着美玉，披头散发，也不过在一间屋子里打扮罢了。拥有万辆战车的国君，而把心思用在这类邪僻的事情上，君王的魂魄都丢失了，还跟谁一起图谋霸业？"

齐景公下堂走近晏婴说："梁丘据、裔款把宫室建成的事告诉我，所以偷偷穿上这身衣服，与梁丘据等取乐，不想被先生碰上，请让我到另外的房里换了衣服再来听先生的教诲，这样可以吗？"

晏婴说："梁丘据、裔款二人用邪僻的东西来迷惑君王，君王哪里还能懂得治国的道理呢！砍伐树木不从根铲除，新的枝条又会长出来，君王为什么不黜退这两个人，使自己的耳目不再受到诱惑呢。"

有一次，齐景公戴着又高又大的帽子穿着长长的衣服设朝听政，他眼光快速扫视，傲然自得地站着，天快黑了还不退朝。

晏婴进谏说："圣人的服装讲求适中，合身而不过分装饰，可以引导百姓，行动起来合适顺当而不怪异，可以修身养性，所以下边的人都效法他们的穿着，而百姓竞相学习他们的仪容。现在君王的服装，过分华丽，不能用来引导百姓，目光迅速转动，傲然而立，不能修身养性，天晚了，君王不如脱掉这身衣服休息去吧。"

齐景公说："我接受您的指教。"退朝后，齐景公就脱掉这身衣服，摘掉帽子，不再穿戴了。

聋哑之害

晏婴入朝，向齐景公禀报说："君王设朝听政时是否过于严厉了？"

齐景公说："设朝严厉，这对于治理国家有什么害处呢？"

晏婴回答说："设朝严厉，那么臣下就不敢说话，臣下不敢说话，那么君王就不知道下情了。臣下不说话，我把它叫作哑，君王不知道下情，我把它叫作聋。一聋一哑，不是有害于治理国家又是什么呢？再说聚合一升一斗的粮食就可以装满粮仓，聚集一丝一缕的丝线就可以做成帷幕，巍峨的山之所以高大，不是一块石头形成的，而是无数石头从低处堆起来才形成它的高大；治理天下，不是只听取一个人的意见就可以成功的。固然有听取意见而不采纳的，哪有拒不听取意见的呢！"

节身诲民

齐景公举步登上路寝台，还没有登完就停在台阶上歇气。他气得变了脸色，很不高兴地说："是什么人建造出这样高的台基，使人疲累到如此程度？"

晏婴说："主上您如果打算对自己有所节制，就不要叫人建造高台，叫人把它建造得这样高了，就不要反过来又怪罪别人。现在建造得高了，要追究人家的罪过，低了也要追究人家的罪过，请问支派人像这样行吗？古时候的人建造宫室，只要使人居处方便就满足了，不是用来奢侈享受的，所以既能节

晏婴塑像

制自己，又能教诲民众。到了夏代衰微的时候，它的国君桀背弃德行，建造璇室和玉门，殷代衰微的时候，它的国君纣又建造顷宫和灵台，造得低小了就责罚人，造得高大了就奖赏人，因而他们自己都遭到了国亡身殒的祸殃。如今主上您却是建造得高了也要责罚人，建造得低了也要责罚人，简直比夏、殷两代国君还厉害。民众的财力都快要耗费干净了，却还免不了遭受责罚，晏婴我担心我们的国家将要分崩离析，主上您也将不能继续享有它了。"

齐景公说："说得好！寡人自己也明白确实是费财劳民，还认为建造得不好，又进一步怨怪人家，这真是寡人的过失啊！若是没有先生的指教，怎么能继续保住齐国的社稷啊！"于是从台阶上走下来，对晏婴施礼致谢，决定不登到台基上去了。

善政利民

齐景公与晏婴一起登上路寝台，眺望齐国都城，齐景公忧伤地慨叹说："让我们子孙世世代代都享有齐国，难道不可以吗？"

晏婴说："我听说圣明的君主一定致力于正当地治理国家，做有利于百姓的事，然后他们的子孙才能享有国家。《诗经》中说：'难道武王在闲逛？留下安民好谋略，保护儿子把国享。'现在君王处于闲逸懈怠的状态，违反德政损害百姓已经有很长时间了，可是您还说出这样的话来，不是太过分了吗？"

齐景公说："如此说来，那么后世谁将执掌齐国呢？"

晏婴说："耕牛死了，夫妻都为它哭泣，他们与牛并不是骨肉之亲，而是因为耕牛对他们的利益很大。要想知道将来会是谁执掌齐国，大概就是使齐国百姓得到利益的人吧？"

齐景公说："是这样，用什么办法来改变这种境况呢？"

晏婴回答说："用好的政治来改变这种情况。现在君王的牛马在圈里关老了，不能再耕地拉车了；车子在车库被蠹虫咬坏了，不能再乘坐了；衣服皮袄等在衣橱里朽坏破旧了，不能再穿了；醋和肉酱腐烂变质了，不能再卖了；美酒变酸了，不能再喝了；粮仓里的粮食发霉了，不能再吃了；但还加重税赋搜刮百姓，而不把这些积存的东西分发给饥饿的百姓。把财物储藏起来不使用，这是不吉利的事情。如果死守着财物，抱怨的人会不断前来，再坏的情况是宁愿丢弃了也不愿分给百姓，百姓一定会前来自己瓜分。所以当国君的人如果要想改变目前的情势，与其求助于人，不如求助于自己。”

 # 死则同穴

晏
婴

齐景公修成了路寝台。逢于何遇上丧事，在路上碰到晏婴，就跪在晏婴的马车前再三叩拜。

晏婴下车向他拱手还礼，说：“您有什么事吩咐我？”

逢于何回答说：“我的母亲死了，我家墓地的界域在路寝台的墙基下，希望您请求国君允许将我母亲与父亲合葬。”

晏婴说：“啊！难啊！尽管如此，我将为您禀告此事。如果请求得不到同意，您将怎么办？”

逢于何回答说：“您是有办法的，像我这样的小民，我将用左手挽着灵车车辕上的横木，右手捶胸，站着饿得枯干而死，用这种方式告诉四方的人士说：于何是不能安葬自己母亲的人！”

晏婴说：“好吧。”

于是晏婴入朝拜见齐景公，说："有个叫逢于何的人，母亲死了，他家墓地的界域在路寝台的墙基下，应该怎么办呢？他请求将母亲与父亲合葬。"

齐景公变了脸色不高兴，说："从古至今，先生曾听说过请求在国君的宫中安葬死人的吗？"

晏婴回答说："古代的君主，他们的宫室节俭，不侵犯活着的人的居所，楼台亭榭俭朴，不毁坏死人的坟墓，所以未曾听说有请求在国君的宫中埋葬死人的。现在君王把宫室修建得很奢华，侵占了百姓的居所，到处建楼台亭榭，毁坏了死人的坟墓，这使活着的人忧愁，不能安居，死了的人分离，不能合葬。过度奢侈玩乐，对活着的人和死去的人都一概轻慢，不是做国君的德行啊。为了满足自己的欲望与需求，不顾念百姓，这不是保住国家的办法。况且我听说，活着的人不能安居，叫作蓄积忧愁，死去的人不能安葬，叫作蓄积悲哀。忧愁蓄积就怨恨，悲哀蓄积就很危险，君王不如允许他的请求。"

齐景公说："好吧。"

晏婴出宫，梁丘据向齐景公说："从古到今，从来没有听说请求在国君的宫中埋葬死人的，君王为什么答应了他？"齐景公说："剥夺别人的居室，毁坏死人的坟墓，侵犯别人的丧葬，这对生者没有施恩，对于死者是无礼。《诗经》中说：'活着各住各的房，死后同埋一个圹。'我敢不允许吗？"

逢于何于是就把他的母亲安葬在路寝台的墙基下，脱去了丧服，穿上布衣藤鞋，戴上黑色帽子，紫草结带，用脚顿地但不啼哭，用手捶胸但不跪拜，安葬完以后，才一把鼻涕一把泪地离开了。

智敛婴子

齐景公宠爱的姬妾婴子死了，齐景公守在她的尸体边，接连三天不吃不喝。

晏婴进宫来，告诉齐景公说："有一位国外来的术士随同太医来对我说：'听说婴子病得像是死去了，希望得到允许替她治病。'"齐景公一听，惊喜得马上站起来，问道："病还有办法治好吗？"晏婴说："那位术士是这样对我说的。我认为那是一个高明的大夫，想请您让他试一试身手。请主上屏避一下以求得洁净，主上也去洗头洗澡，饮水进食，与病人的屋子隔离开来，好让那位术士在这里祈祷鬼神福佑。"齐景公说："行。"就避到别处去洗头洗澡。

等齐景公一离开，晏婴就命令负责殓尸的人赶快为婴子入殓。入殓完毕，晏婴又去对齐景公说："那个医生治不了病，我们已经给婴子入殓了，不敢不及时把这件事报告您。"齐景公气得变了脸色，大不高兴。

晏婴说："君王难道不知道死了的人不可能再复生吗？我听说，国

晏婴

君正确臣子服从叫做顺从，国君邪僻臣子服从叫做乖逆。现在君王不走正道而走邪道，跟着走邪道的人就亲近，劝导做善事的人就疏远；谗谀小人明目张胆地勾结，而贤德善良的人遭到废黜，所以阿谀之辈在您的身边越来越多，邪僻的行为遍布国内。从前我们的先君桓公因为任用管仲而称霸，因为宠幸竖刁而衰败。现在君王对贤人礼节很轻慢，而对宠妾的哀痛却很深切。再说古代的圣王蓄养滕妾，但不损害自己的德行，殡殓死者不过分关爱，送葬死者不过分悲哀。德行受到损害，就会使自己沉溺在私欲中，关爱过度就会伤害身体，悲哀过度就会损害本性。所以圣明的君主能对这些事情都加以节制。人死了就应立即收殓，不要指望死者复生，棺椁衣被的耗费要适度，不要因此损害活人的衣食供养，哭泣哀伤要节制，不能因此损害生存的原则。现在还把腐烂的尸体保留着，希望死者生还，过分关爱，因而伤害了德行，悲哀不止，因而损害了本性，这是君王的过失了。所以诸侯派来的使者以到我国来为羞耻，本国的臣子以在职位上为羞耻。如果推崇君王的行为，就不能引导民众；如果顺从君王的欲望，就不能保持住国家。况且我听说，尸体腐烂了而不入殓，叫作侮辱尸体，尸体腐臭了不殡殓，叫作陈设腐肉。违背圣明君王的本性，做百姓非议的事情，而将宠妾置于陈尸受辱的地步，不可以做这样的事情。"

齐景公说："我不知道这些道理，请按先生的意见处理此事吧。"

晏婴又说："齐国的士和大夫，诸侯四邻的宾客都在外面，君王哭的时候要节制。"

孔子听到这件事后说："群星的光亮，比不上被云遮住的月光。做小事成功，比不上做大事没有成功。君子做错了事，还是优于小人做好了事，这大概说的就是晏婴吧！"

取消厚葬

大夫梁丘据死了，齐景公召见晏婴告诉他，说："梁丘据忠心耿耿而且爱我，我想把他的丧事办得很隆重，把他的坟墓修得又高又大。"

晏婴说："请问梁丘据的忠君与爱君的情况，可以讲给我听吗？"

齐景公说："我有喜好的玩物，而主管官吏不能具备，梁丘据就将他所拥有的供给我，所以知道他是忠于我的；每逢刮风下雨，即使是晚上召他来，他也一定会前来问候，我因此知道他爱戴我。"

晏婴说："我如果回答的话，可能与君王的意见不合有所得罪，不回答那又没有侍奉好君主，我怎么敢不回答呢！我听说，臣子使君王专宠他一个人，叫作不忠；儿子使父亲只喜爱他一个人，叫作不孝；妻子使丈夫只爱她一个人，叫作嫉妒。侍奉君主的原则，是引导君主对父兄亲近，对群臣有礼，对百姓有恩惠，对诸侯有信义，这叫作忠。做儿子的原则，是钟爱兄弟，对待伯父、叔父如父亲，对所有的孩子慈惠，对朋友忠诚有信，这叫作孝；做妻子的原则，是使众妾都能得到丈夫的喜爱，这叫作不妒嫉。现在齐国四境之内的百姓，都是君王的臣民，可是只有梁丘据尽心竭力爱戴君王，为何爱戴君王的人如此之少呢？四境之内的货物，都归君王所有，而只有梁丘据用他的私物来效忠君王，为何忠于君王的人如此之少呢？梁丘据阻挡堵塞群臣，蒙蔽国君，不是太严重了吗？"

齐景公说："说得好啊！不是先生，我还不知道梁丘据已到这种地步了。"于是停止为梁丘据修坟的工程，取消厚葬梁丘据的命令。命令各部门的主管官吏根据法律来要求下属，群臣陈述君王过失来劝谏。所以官吏没有不遵守法律的行为，臣子没有不以谏过来表露忠心的，百姓大为高兴。

礼葬走狗

齐景公的一条猎狗死了，齐景公下令出葬时要给它供奉棺材，在朝内还要为它举行追悼。晏婴听说这个情况后，立即入朝来谏阻。

齐景公却说："这不过是一桩微不足道的小事，我无非想借此同左右的人寻求一点开心罢了。"

晏婴严肃地说；"主上这样做太不妥当了！征收了很重的赋税却不肯拿出一点赈济庶民百姓，挥霍了很多的钱财却全都用来与左右近臣寻求开心，如此轻视庶民百姓的疾苦，重视左右近臣的开心，那么国家也就会没有多少希望了。因为一方面是孤儿和老人受冻挨饿，另一方面却是死去的猎狗享受祭祀；一方面是鳏夫和寡妇无人照顾，另一方面却是死去的猎狗享有棺材。所作所为邪僻乖张到了如此地步，百姓听说一定要怨恨我们的国君，诸侯听说后一定要蔑视我们的国家。在百姓当中怨恨日益增长，在诸侯当中威信日渐降低，竟然还认为是微不足道的小事一桩，其间的利弊得失请您仔细考虑一下吧！"

齐景公说："有道理。"于是下令厨师赶快把死狗剖洗干净，做成美味，拿来同满朝臣属宴会佐餐。

第五章

忠直不迁

齐庄公被权臣崔杼杀死，晏婴闻讯而来，停在崔府外沉思。随从问他：「您是否准备以死殉之？」这是当时为人称道的忠君行为。晏婴却摇头道：「不。君主是为私事而死，我为何要去死！」随从想到了出逃，这在当时也是常见的，此举意味着出走者对失国负有责任。晏婴对此也断然否定：「不。这难道是我的过错吗？我为何要出走逃亡！」随从无奈道：「那么，这就回家如何？」晏婴不允。

只见他迈步径直进了崔家，托起齐庄公，抚尸恸哭。之后，他起身行过三跳之礼，整整衣冠，移步离去。晏婴遵循的原则是：国君已死，臣子尽到礼节后，应去做更重要的事。

以行服天下

齐庄公问晏婴说："扬威当代，使天下人顺服，靠的是时势吗？"

晏婴回答说："是靠切实去做。"

晏婴墓

齐庄公说："怎样去做？"

晏婴回答说："能够爱护国内百姓，就能使国外不亲善的国家不敢挑起争端；能够看重士和百姓的生死劳苦，就能禁阻危害国家的邪恶叛逆行为；听取中正之言而任用贤能，就能威震诸侯；施行仁政而乐于为百姓办好事，就能使天下臣服。不能爱护国内百姓，就不能使不亲善的国家睦协；轻视士众百姓的生死劳苦，就不能禁止危害国家的邪恶叛逆行为；不听取劝谏轻慢贤良，就不能威震诸侯；背离仁义准则而贪求虚名和实利，就不能扬威当世。想要使天下臣服，就是实行的这种方法啊。"庄公不采纳，晏婴便辞官到穷僻的地方居住。

齐庄公重用勇猛有力的人，而轻视臣下的生死，出兵打仗无休无止，国家疲弱，百姓遭殃，一年后，百姓大乱，庄公自己也遭到了被崔杼杀死之祸。

君子说："竭尽忠心而不存心阿从君主，不被任用则不贪恋俸禄，晏婴真可以说是廉正啊！"

 ## 止兵修政

齐景公兴兵打算攻打鲁国，询问晏婴，晏婴回答说："不可以。鲁国国君爱好礼义而百姓爱戴他，君主爱好礼义国家就安定，君主受到拥戴上下就和睦，伯禽以礼治国的原则在鲁国还保存着，所以不能攻打。攻打有礼义的君主不吉祥，危害安定的国家会陷入困境。况且我听说，征伐别人的人，他的道德必须足以安定自己的国家，他的政治必须足以使百姓和谐，国家安定，百姓和谐，然后才可以兴兵讨伐残暴的国君。现在君王喜好饮酒而行事不合常理，道德无法使国家安定，税赋繁重，随意役使百姓，没有什么可以使百姓和谐。道德不足以安定国家就会有危险，政治上不能使百姓和谐就会出现祸乱。自己没有免于发生危险祸乱的政治措施，却要攻打安定和谐的国家，不可以。君王还不如整顿政治，等待鲁国发生内乱。鲁国百姓叛离国君，国君怨恨臣下，这样再去讨伐他，那么道义就充分了，获得的利益也会更多。道义充分反对的人就少，获得更多的利益百姓就会高兴。"

齐景公说："说得好。"就没有去攻打鲁国。

谋胜禄臣

齐景公攻打莱国，取得了胜利，问晏婴说："我想奖赏攻破莱国有功的人，怎么样？"

晏婴回答说："我听说，运用谋略战胜敌国的，应该增加臣子的俸禄；依靠百姓的力量战胜敌国的，应该增加百姓的利益。所以君主有额外的收获，臣民有更多的利益，君主享有名声，臣下获得实惠。所以运用智谋的人不马虎从事，使用劳力的人不怕劳苦，这就是古时候善于征伐的人的做法。"

齐景公说："说得好。"于是攻破莱国的臣子，攻打莱国城邑的士兵，都获得了更多的利益。这就是君主独享名声，臣下获得利益。

衰世而讽

齐景公对外傲视诸侯，对内轻视百姓，喜好勇力的人，崇尚享乐以致放纵嗜欲，诸侯不喜欢他，百姓不亲附他。齐景公对此很忧虑，问晏婴说："古时候圣明的君主，他们的行为怎么样？"

晏婴回答说："他们行事公平正直没有邪念，所以善进谗言的人不能入朝为官；不迎合私党，不贪女色，所以结党聚众的人不能存身；对自己节俭，对百姓丰厚，所以贪婪聚财的人行不通；不侵占大国的土地，不耗损小国百姓的财物，所以诸侯都希望他地位尊贵；不用武力抢夺别人的财物，不靠人多势大威胁别人，所以天下的诸侯都希望他强盛；用自己的美德言行教诲诸侯，把慈爱恩惠给予百姓，所以四海之内的人像水从高往低流一样地归附他。现在处于没落时期的统治者，行为乖僻，曲从私党，所以善进谗言阿谀奉承的人越来越多；对自己供养丰厚，对百姓的供养却很微薄，所以贪婪聚财的人大行其道；侵占大国的土地，耗损小国百姓的财物，所以诸侯不想使他地位尊贵；用武力抢夺他人的财物，靠人多势众威胁别人，所以天下的人都不希望他强大。把灾害给予诸侯，把劳苦给予百姓，所以仇敌攻打他，天下的人都不去救援，大夫公族纷纷逃散，百姓也不援助。"

齐景公说："这样的话，那应该怎么办呢？"

晏婴回答说："请用谦逊的言辞和厚重的财物来游说诸侯，用减轻刑罚、减少劳役的方法向百姓谢罪，这可以办到吗？"

齐景公说："好的。"于是用谦逊的言辞、厚重的财物取悦诸侯，诸侯都来归附，减轻刑罚、减少劳役，百姓都来亲附。所以小国入齐朝聘，燕国、鲁国一起前来进贡。

墨子听到这件事后说："晏婴是懂得治国的原则的。治国的原则在于为他人着想，失去这个原则就为自己打算，为别人着想的人就受到尊重，为自己着想的人就被轻视。齐景公为自己着想时，小国不来归附，为别人着想时，诸侯都愿意为他效力。那么，治国的原则就在于为别人着想，在行为上先反躬求己，所以晏婴是懂得治国的原则的。"

属官未具

齐景公问晏婴说："我想把齐国的政治治理好，以便称霸诸侯。"

晏婴回答说："属官还没有配备好呢。我多次把这种情况告诉君王，但是君王不肯听取。我听说孔子居处举止懈怠不振，方正的品格不够奋振的时候，季次、原宪就陪伴在他身旁；气积郁闷而生病，志向和意愿得不到舒展的时候，仲由、卜商就陪伴在他身旁；道德不够盛大，品行没有显出淳厚的时候，颜回、闵子骞、仲弓就陪伴在他身旁。现在君王的臣子达万人之多，兵车有上千辆，许多不好的政令强加在百姓身上，可是却没有敢于把这种情况向您禀报的贤能之人。所以我说属官还没有配备好。"

齐景公说："我现在想跟随先生把齐国的政治搞好，可以吗？"

晏婴回答说："我听说国家有了称职的官员，然后国政才能搞好。"

齐景公变了脸色很不高兴，说："齐国虽然小，但怎么可以说属官还没有配备好呢？"

晏婴回答说："这不是我所要禀告的本意。过去我们的先君桓公，当他的身体困乏懈怠、词不达意的时候，就有隰朋紧密地陪伴在他身旁；当近臣的过失很多，判罪定案不公正的时候，就有弦宁紧密地陪伴在他身旁；当田野得不到整治，百姓不得安宁的时候，就有宁戚紧密地陪伴在他身旁；当将官懈怠，士卒散漫的时候，就有王子成甫紧密地陪伴在他身旁；当他在宫内放纵闲逸，近臣畏惧，歌舞频多，很少理政的时候，就有东郭牙紧密地陪伴在他身旁；当他道德偏离正道，信誉品行逐渐败坏的时候，就有管仲紧密地陪伴在他身旁。先君能够用别人的长处来弥补自己的短处，用别人的优点来弥补自己的欠缺，所以他的命令传到极远的地方也不会有人违背，出兵攻打有罪的人也不会受到挫折。因此诸侯都由于他的德行来朝觐他，周天子也把祭祀用的肉送给他。现在君王的过失太多了，可是没有一个人让君王知道这些情况。所以我说属官还没有配备好。"

齐景公说："说得对。"

桓公霸业

齐景公问晏婴说："从前我们的先君桓公，有管仲辅佐治理齐国，能通过武力建立功业而又能用文治来树立德政，联合诸侯，安抚存问中原，使吴国、越国接受命令，使楚国闻而恐惧，诸侯没有不服从的，先君桓公尽力于周王室，所以周天子嘉奖先君。先君桓公建立的显赫功业，全凭管仲的大力辅佐啊。现在我也想把齐国的国政托付给先生，先生辅佐我，光大先君的丰功伟绩，延续管仲的事业。"

晏婴回答说："从前我们先君桓公，任用贤能的人，国家有什伍的户籍编制，小民百姓无不得到治理。地位高的人不欺凌地位低下的人，富有的人不傲视贫穷的人，有功劳的人不嘲诮无功劳的人，有才能的人不压制愚昧的人，办事不徇私情，审理案件不偏袒，宫内妻妾没有剩余的食品，宫外的朝臣没有多余的俸禄，鳏夫寡妇没有饥饿的面色。先君不为了饮食的嗜好而耗费百姓的钱财，不为了宫室的华丽而劳动民力；有节制地向百姓收取赋税，而又普遍地给予百姓，府库没有积存的财物，粮仓里没有积存的粮食，君主没有骄横的行为，臣下没有谄媚的品质。所以管仲能使齐国免于危难，而使我们的先君可以与周天子相比。现在君王想光大先君的业绩，承传管仲的事业，那就不要用过多的不良政施使百姓受损害，不要用私欲玩好使诸侯怨恨，臣子谁敢不秉承君王的美意去竭尽全力，顺应君王的意愿呢？现在君王疏远贤德的人，任用善进谗言谄媚的人；役使百姓唯恐不尽，征收民财唯恐不得；向百姓收取的很多，而给予百姓的却很少；向诸侯索取的很多，而轻视他们对自己的礼敬；府库里储藏的东西朽坏虫蛀，而接待诸侯却违背了礼仪；粮食严严实实地储藏起来，而在百姓

那里却积怨甚深。君臣之间相互怀恨，而政令刑律变化无常。我担心国家有沦丧的危险，而君王不能再享有国祚了，又怎么能光大先君的功业，继承管仲的事业呢？"

莒先鲁后

齐景公问晏婴："莒国和鲁国哪一个会先亡国？"

晏婴答道："根据微臣的观察，莒国的小民百姓性情多变而没有教化，贪求务得而喜欢虚伪，崇尚勇力而鄙视仁义；士人则是好武而容易暴怒，躁急而容易泄气。因此，其君主不能教养他的臣民，臣民也不能尊奉他们的君主，上下之间不能同心同德，这样一来治理国家的纲纪就丧失殆尽了。所以说，根据微臣的观察，莒国很可能先亡国。"

齐景公又问："鲁国怎么样呢？"

晏婴答道："鲁国的君臣，倒还是喜欢做合礼法的事；小民百姓都安定泰泰，不大与外界接触。因此，其君主就能教养他的臣民，臣民也能够尊奉他们的君主，上下之间比较融洽，治理国家的纲纪可以说是维护住了。所以我认为，鲁国还可以长期存在。尽管如此，它在另一个方面仍然有所失。就说邹国和滕国吧，小得连野鸡也能奔跑出它们的地界，可它们仍然能够保住公侯的称号，就因为他们长期以来一直坚持以小事大、以弱事强的缘故。而那个宋国，只不过是周公所封的一个小国罢了，鲁国靠近齐国却要去亲近宋国，作为一个褊小的国家竟然不敬服我们这样一个强大的邻国，反而舍近求远地寄望于晋国，这就是导致国家覆亡的一条死路。所以说，齐国是很有希望取得鲁国和莒国的呀！"

齐景公进一步问："鲁国和莒国的情况，寡人已经弄明白了。不过，寡人的德行也浅薄，那么若干年后谁将承继齐国的君位呢？"

晏婴答道："田无宇的子孙有这个可能。"齐景公问："什么缘故呢？"晏婴答道："齐国公室的量器小，田氏私家的量器大，田氏总是用这种私家的量器借粮食给庶民百姓。他们与士人相交往，花费钱财从来没有一筐一箧的藏留。这样一来，国内许多人就背着、挽着他们的子女去归附田氏，就像水从高处往低处流去一样。这么多人既然先从田氏那里获得了好处，以后田氏有难而会推辞解难的人，岂不是必定会很少了吗？倘若很多人都不拒绝田氏的要求，田氏又进一步给他们以安抚，那么，田氏不就是接近于承继齐国的君位了吗？"

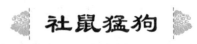

社鼠猛狗

齐景公向晏婴问道："治理国家的祸害是什么？"

晏婴答道："祸害是社鼠。"

齐景公问："怎么这样说呢？"

晏婴说："举凡土地庙，都是用木料先编排捆缚起来，再涂上泥造成墙体的，老鼠便到那里去打洞藏身。人们想用烟来熏出老鼠，又担心烧着了那里的木料；想用水来灌死老鼠，又担心冲垮了那里的土墙。那些老鼠之所以不能够被除掉，就是因为担心土地庙的缘故。对国家来说，同样有社鼠托身其间，君主身边那些得宠骄恃的人就是这种货色。他们在朝内总是对君上淆乱善恶，在朝外总是对百姓卖弄权势，不铲除他们就会引出祸乱，要铲除他们又有君主出面安抚，给他们以恩厚和宽免，所以说这种人就是国家的社鼠。比如说，有那么一个卖酒的人，使用的器具都相当干净，悬挂的酒旗也相当长，但他的酒放得变酸了还卖不出去。他去问街坊邻居这是什么缘故，街坊邻居告诉他：'你的狗太凶了，别人拿着酒具走到你的店里来，打算买你的酒，你的狗迎面扑上去就咬别人，这就是你的酒放得发酸了还卖不出去的原因所在。'对国家来说，同样有猛狗寄身其间，朝廷当中那些掌握实权的人就是这样的货色。那些有学问有本事的人要想拜见万乘之国的君主，掌握实权的人就像狗一样迎面扑上去吓唬别人，所以说这种人就是国家的猛狗。身边得宠骄恃的人如同社鼠，掌握实权的人如同猛狗，国君怎么能不受到蒙蔽，国家又怎么能不遭受祸害呢？"

祝史求福

齐景公问晏婴说："我的神志和精气日渐衰弱，身体疲惫极了，现在我打算供设圭璧和牛羊猪等祭品，命令祝宗把它敬献给天帝和祖宗神灵，料想以此礼敬神灵，可以求福吧？"

晏婴回答说："古时候的先君求福，政事必定符合百姓的心愿，行为必定顺应神灵的旨意。所以建造宫室有节制，不敢大肆砍伐树木，以便不侵害山林；饮食有度，不过多地打猎捕鱼，以便不损害河流湖泽；祝宗祭祀神灵，只是向神灵告罪而不敢有所祈求。所以神灵与百姓都顺从君主的意愿，高山河流都献出自己的财富。现在君主政治违背百姓的意愿，行为背离了神灵的旨意；宫室修得高大，大量砍伐树木，因而侵害了山林；饮食丰盛过度，频繁地打猎捕鱼，因而损害了河流湖泽。所以神灵和百姓都怨恨，高山河流都收回了自己的财富。司过之官一再举出您的过错，而您却命令祝宗祈祷求福，这样做不是违背神灵的旨意吗！"

齐景公说："如果没有先生的话，我就听不到这些道理，请允许我改变原来的思想和行为。"于是放弃了出游公阜的计划，停止进献海鲜，砍伐树木适时，打猎捕鱼有一定数量，居室饮食，都节俭不贪华美，祝宗祭祀的时候，只向神灵告罪，不敢有所祈求。所以邻国都敬畏齐国，百姓也亲附。直到晏婴死后，齐国才衰败下来。

古之盛君

齐景公问晏婴说："古时候有大德的君主，他们的道德行为是怎么样的？"

晏婴回答说："他们对自己供养微薄，对百姓供养丰厚，严于律己而宽待世人；身居君位，足可以使政治清明，教化得以推行，不以权势威迫天下人；他们征敛钱财，是为了平衡有无，使贫富均匀，并不以此来满足自己的嗜欲；诛罚不回避地位尊贵的人，赏赐不遗漏地位卑下的人；不过分享乐，不过度悲哀；竭尽自己的智慧教导百姓，而不自我夸耀；努力治理国家，而不苛求百姓；治国崇尚相互有利，所以百姓之间不相互伤害；施行教化崇尚相互爱护，所以百姓不把互相怨恶当作荣誉的事；量刑处罚符合法度，废弃和兴办事情都顺应民心。所以贤德的人身居上位但不浮华，没有才德的人身居下位但无怨言。四海之内，举国之中，庶民百姓同心一致，对待国事就像对待家事一样。他们在世的时候对百姓有厚利，死后还有遗教垂于后世，这就是有大德的君主的德行。"这些话齐景公没有听取。

晏婴说："我听说寻求道理的人，先要改变思想；懂得了道理的人，要改变原来的面貌。现在君主的税赋过重，所以民心离散；买卖混乱，因此经商的客人绝迹；君主的玩好之物充斥身边，所以百姓家中的财物丧失殆尽；君主那里积聚了许多邪僻的事情，百姓那里蕴藏着许多怨恨；君主喜好的东西身边各样都有，毁谤君王的言论遍于全国，而君王却不听取。"

齐景公说："说得好。"于是下令玩赏的东西不再供奉，市场上买卖不准欺诈，宫室不再修饰，未建成的工程不再继续，停止劳役，减轻赋税，从国君到臣民一起执行，百姓相互亲爱。

度义因民

齐景公问晏婴："要想做到做谋划一定恰当，办事情一定成功，有什么诀窍吗？"

晏婴回答说："有。"

齐景公又问："那诀窍究竟是怎样的呢？"

晏婴答道："做谋划从义出发的就一定能够恰当，办事情顺应民心的就一定能够成功。"

齐景公不解地问："怎么这样说呢？"

晏婴就给他分析："这样做谋划，左右的人就没有什么拘系，上下之间也没有什么束缚；说的话就不会悖谬，谋的事也不会偏颇。对上谋划，就不会违背天意；对下谋划，也不会违背民心。用这样的方法来做谋划，自然就一定能做到恰当。至于办事情，事情大的总是利益多一些，事情小的总是利益少一些，这就需要估量事情的大小，权衡利益的轻重，使得国家能够增添荣耀，民众能够增加利益。用这样的方法来办事情，自然也一定能够取得成功。倘若怠慢民众而乱做谋划，即使有所获也不会安定；倘若傲视民众而乱办事情，即使有所成也不会荣耀。所以微臣听说，义，是做谋划的准则；民，是办事情的根本。正因为如此，要是违反了义而做出谋划，或者背离民众而办了事情，就从来没有听说过能够长久存在下来。当初三代兴盛的时候，做谋划就总是要考虑义之所在，办事情也总是要顺应民心所向。而到他们衰落的时候，出谋划策却违反了义理，举办事情则伤害了民心。所以说，从义出发和顺应民心，是做谋划、办事情的诀窍所在。"

齐景公进而问道："寡人一向不聪明，听到了好的建议老是不能实行，这样做会有什么危险呢？"

晏婴答道："最英明的君主是尽善尽美的；较之差一等的君主做谋划、办事情就会有所差异；比他们更差一等的君主则会陷入邪僻当中，耻于求贤下问。尽善尽美的君主当然善于控制自己做谋划和办事情；有所差异的君主则能够不时地求贤下问，尽管日渐趋向于危险境地，毕竟还可以凭着这一点维持到生命的终结；而耻于求贤下问的君主，可就保

忠直不迁

不住他的生命了。如今主上您虽然确有危险，但您还可以维持到大驾崩殂的时候。"

举贤官能

齐景公问晏婴："如果担任国君治理民众，善于掌管国事的人该怎么办？"

晏婴答道："要选拔有道德的人，让他们处理国事，要任用有本事的人，让他们管理民众，这就是做这种事必须遵循的准则。只要选拔有道德的人，任用有本事的人，民众就会一天一天地走向良善了。"

齐景公又问："虽然存在有道德、有本事的人，我又怎么能知道哪一个是呢？"

晏婴回答他说："真有道德却隐而不露，怎么能算是有道德呢？我的主上您也是太不重视这个问题了，所以您才会不知道。"

齐景公进而说道："请问求贤之道究竟是怎样的？"

晏婴答道："对每个人，要从他们结交往来的情况观察他们，要从他们行为举止的实际评判他们；不要单凭言辞华丽、能说会道就判定他们的行止高下，不要单凭谗毁赞誉，说三道四就认定他们的能力大小。像这样，就不会让什么人假装志洁行芳而扩张声誉，也不会让什么人隐蔽贪心鄙念而迷惑国君。所以，当一个人处境顺利的时候就要看他推举的是什么人，处境困窘的时候就要看他不做的是什么事，身家富足的时候就要看他不求取的是什么东西。品行高尚的人，是难于使他们进，却容易使他们退的；品行比之次一等的人，是既容易使他们进，也容易使他们退的；而品行低下的人，则是很容易使他们进，很难于使他们退的。只要凭借这几方面的实况来品评取舍人才，大概就很可以了吧！"

尊荣危废

齐景公问晏婴道："做国君的自身尊贵，百姓又安定；做大臣政事治理得好，自身荣耀，困难呢？容易呢？"

晏婴答道："容易。"

齐景公问："为什么是这样的？"

晏婴答："只要做国君的节省和贮存他丰余的财物拿去照顾一下百姓，就可以做到国君受敬重百姓也安定了；只要做大臣的尽忠守信而不逾越自己该做的事情的范围，就可以做到管理很清明自身也光荣了。"

齐景公又问："做国君的有了什么行为就会走向危殆？做大臣的有

了什么行为就会导致衰败？"

晏婴回答："做国君的，征收繁重的赋税而托辞是为了百姓，升赏谗谄的奸佞而托辞是任用贤人，疏远品行端正的人而托辞是他们不听话，国君做了这三种事就会危殆。做大臣的，结党营私以求得升赏，超越自己该做的事的范围，处处防备下属和隐蔽利益而使得自己增加名和利，纵容国君，从不指出国君的过失而求得亲近，大臣做了这三种事就会衰败。所以英明的君主从来不把不良行为显示给人看。总是保护百姓的财产而不让他们受到亏损，总是树立礼法的威严而不许谁人有所违犯，即使对百姓有什么要求，也不让自己损害了他们，这样刑罚和政令就能对底层起列安定作用，民心所向也能保持在国君周围。也因此，有远见的士也从不结党营私以求升赏，不为苟且之事有所求，说起话来不阴一套阳一套，做起事来不里一套外一套，合理的事就努力去做，不合理的事就抽开身不干，不追随在上者去干那种邪僻的事，所以进身于朝能保持廉正，退身闲处也不致丧失良好品行。"

存亡之议

齐景公问晏婴说："寡人掌握国秉而不合于仁，大概是不宜继续下去了吧？倒不如，让我北面事奉先生还合适些。"

晏婴答道："晏婴不过是人臣而已，主上为什么说出这种话来？"

齐景公说："请让我问完天下之所以存亡的道理。"

晏婴就告诉他："紧凑精微的事情做不了，粗放简单的事情又不学的人必受贬退。自己不能凭借什么使用人，但又不肯被别人使用的人必处卑下。对好人不能亲近，对坏人不能疏远的人必遇危殆。交结往来，朋辈相从，既没有什么让别人高兴，又不能为别人有所高兴的人必遭困窘。事奉国君，求取利禄，大的得不到，小的瞧不起的人必致饥寒。追求道德，树立仁义，大处不能专一，小处不能增益的人必趋消失。凭着这一些，就足以观察出存亡之道了。"

君子三行

齐景公问晏婴说："君子平素的品行是怎样的？"

晏婴回答说："衣冠如果穿戴得不符合规定，就不敢入朝；所说的话如果不符合道义，就不敢用来要求君主；如果自己的行为不遵循礼仪规范，处理政事不公正，就不敢去管理百姓。衣冠没有不符合规定的情况，所以朝廷里就没有奇装异服；所说的话没有不符合道义的情况，所以臣下就不会有欺骗君主的假报告；自己的行为遵循礼仪规范，办事公正，所以国家没有结党营私的事情。这三条，就是君子平素的品行。"

任贤爱民

　　齐景公问晏婴："贤明的君主治理国家是怎样做的？"晏婴答道："他们的政策是重用贤人，他们的行为是爱护民众；他们向民众收取赋税有所节制，他们对自己进行调养也能俭省。在上的人不能欺凌在下的人，做官的人不能傲视困窘的人；凡是放纵邪恶、残害民众的人就要施以惩罚，凡是提出忠告、指摘过失的人就要给以奖赏。他们在施政中，常常削减对在上者的给养，用来增益对在下者的给养；常常宽恕有过失的人，救助遭困窘的人；既不因为个人的喜好就随便增多赏赐，又不因为个人的愤怒就随便加重责罚；既不放纵自己的欲念而劳困民众，又不造成臣民的怨恨而危害国家。在上的人没有骄纵的行径，在下的人没有逢迎的品质；在上的人没有营私的勾当，在下的人没有窃权的举动。从上层看没有腐朽蠹蚀的积藏，从下层看没有受冻挨饿的黎民；国君不做骄纵的事而崇尚政治安定，民众由于安居乐业而崇尚和睦亲近。贤明的君主治理国家大体上就是这个样子。"

　　齐景公问晏婴："圣明的君王是怎样教导百姓的？"

　　晏婴回答说："明白告知教谕与法令，而自己率先实行；对待百姓不苛刻，用刑法来防范犯罪。要求臣民做到的事情，自己一定做到；禁止百姓做的事情，自己不违犯。保护百姓的财物，不让他们的利益受到损害；制定了法规礼仪，自己不用邪僻的行为去违犯。如果对百姓有所求，不因为自身的需求侵害他们，所以百姓听从他们的教化。衡量事情的轻重缓急来役使百姓，公正地审判案件来禁止邪恶，不用过分劳累的事情使百姓疲惫不堪，不用不公正的刑罚来迫害百姓，如果禁止百姓做的事情，君主也不借故违反，所以百姓不敢冒犯他们的君主。古时候相距百里习惯就不同，相距千里风俗就不同，因此圣明的君主修明道德，使百姓一致、风俗同一。君主以爱护百姓为准则，百姓以相亲相爱为道义，所以天下的人不互相遗弃，这就是圣明的君主教导百姓的方法。"

何谓忠臣

齐景公向晏婴问道："忠臣侍奉自己的君主该怎样去做？"晏婴回答他说："君主遇到了灾难，忠臣不会为他去死，君主出国去流亡，忠臣不会跟随他走。"齐景公听了老大不痛快，说："君主剖开土地来封赏给他们，分出爵位来使他们尊贵，但他们在君主遇到灾难的时候却不肯死节，出国流亡的时候却不肯随行，这能够称为忠吗？"晏婴答道："臣子如果有什么建议被君主采用，君主就会一辈子都不至于遇到灾难，做臣子的又何至于为他去死呢？臣子如果有什么劝谏被君主接受，君主就会一辈子都不至于出国流亡，做臣子的又何至于跟他去跑呢？假若什么建议都得不到采用，君主一遇到灾难的时候就随他去死，这就叫做糊里糊涂地死；假若什么劝谏都得不到接受，君主一出国流亡的时候就跟着去，这就叫做虚情假意地跟。所以说，真正是忠臣的人，总是能够向君主提供好的建议，但却不会盲目地同君主一起陷入到灾难中。"

齐景公问晏婴说："忠臣的行为是怎么样的？"

晏婴答道；"不掩盖君主的过失，总是当面进谏，而不在朝外去宣扬。选拔贤人，推举能人，对亲近的人不营私。衡量自己的德能而接受一定的官位，估量自己的才干而接受一定的俸禄。发现了贤人不谋求位处其上，接受的俸禄不超过应有的量。不权衡君主的好恶去做事，不计较个人的品位而尽忠。不压抑贤人而去掩盖别人的长处，不对下刻薄而去巴结自己的上司。只要国君在位就不亲近太子，国家有了危难也不私交诸侯。顺心如意时就在朝为官，与之相反时就辞官隐退，决不追随君主去做不该做的事情。"

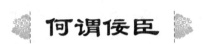

何谓佞臣

齐景公问晏婴说："奸佞的人是怎样侍奉国君的？"

晏婴回答说："这种人成天患得患失，生怕名利不能到手。他们公开的言行只不过用来装饰自己，假称没有私欲以便取悦于人。尊敬被君主尊崇的人，以表明他们热爱君主；观察君主的爱好，并暗中适合君主的要求。专求君主亲近的人，暗中与他们结成朋党。内心看重高官厚禄，而表面却以违心的行为表示轻视；他们低声下气地侍奉君主亲近的人，而表面上却以虚假的廉正显示公正。谋求君主采纳他们的意见，希望以此获得晋升；他们用轻视俸禄的方法来谋求更多的俸禄，用辞官不做的方法来求取更高的官职。他们善于敛取钱财，却不乐意施舍；喜欢更变花样，轻慢旧的法令；吝惜钱财，施舍极少。看见贫穷的亲友好像不相识，争相取利唯恐落于人后。在外结交诸侯的权臣来抬高自己，背叛至亲以便自己得到重利。积藏着丰饶的供自己花销的财物，却希望得到有怜悯贫穷的名声。他们诽谤人或赞誉人都不符合实情，他们所说的话又不能身体力行。他们受到当时人的非议，却又喜欢评说别人的长短。他们自己所具备的，就轻易地责备别人不具备，自己不具备的，却轻易地要求别人具备。他们的持论好似刚毅而诚信，他们求取官职看似奋勉谦逊而顺当。这就是奸佞的人的所作所为。这些人是圣明的君主所要剪除的，是愚昧的君主所宠信的。"

何谓明君

齐景公问晏婴说："圣人不得意的时候是怎样的呢？"

晏婴回答说："君主做事违反自然规律，为政违背鬼神的意志，征收赋税使百姓财物穷尽；四季改变了次序，天神、地神都很怨恨；说话忠诚的人不被听信，进献善言的人得不到任用；奉承君主过失的人有赏，弥补君主过失的人有罪。所以圣人藏伏埋名隐居，不向君主求取官职，洁身自好，坚守道义，不与世俗的人一起陷入邪恶，这样他们虽然地位低下却不丧失道义，处境困窘却不丧失廉正的品行。这就是圣人不得意的时候。"

齐景公又问："圣人得意的时候是怎样的呢？"

晏婴回答说："国家得到治理，政治清平，所有的举措都与自然规律协调，征收税赋符合百姓的意愿；百姓喜欢君主的政令，远方的人感念他的恩德；四时运行不失去次序，风调雨顺没有灾害；上天显示吉祥的征兆来表彰君主，大地永远化育万物因而万物齐备；神灵降福永不停止，百姓服从教化而不勉强；治理国家没有积压下来的政事，平常没有无业的游民。这就是圣人得意的时候。"

齐景公问晏婴："古代当国君统治百姓而不遇到危险，治理国家而不使它衰弱，应该首先做些什么？"

晏婴回答说："我听说，用邪恶的人来治理国家，把暴力强加于百姓的就会遇到危险；修明治国之道是为了谋求利益，得到所谋取的利益之后又回过头来做邪恶的事，国家就会衰弱。古时候周文王修养道德，不是为了谋取利益，诛灭残暴而不顺从纣王，敢于冒犯崇侯虎的凶暴，礼敬被剁成肉酱的梅伯，因此诸侯彰显他的德行，百姓传颂他的恩德，所以他统治百姓不会遇到危险，治理国家不会使它衰弱。"

有一次，齐景公问晏婴说："古往时期君临一国治理民众的人，他们是怎样使用人才的？"

晏婴答道："土地有不同的性能，如果让它们种植同一种庄稼，就不能要求它们一样地生长茂盛。人才有不同的才能，如果让他们承担同一种事情，就不能要求他们普遍地取得成功。倘若对人才要求得没有止境，即便是智者也无法供给那么多的才能；对土地索求得没有满足，即便是天地也无法供给那么多的东西。所以圣明的帝王使用人才的时候，从来不让溜须拍马之徒在自己身边受到赏识，也不让阿私偏袒之辈在自己朝中掌握权力；他们总是使用人才的长处，而不勉强人家用短处，总是促使人才发挥自己精通的方面，而不勉强人家使用自己笨拙的方面。这就是使用人才的基本原则。"

得贤之道

齐景公问晏婴："古代使自己的百姓离散，而丧失自己国家的人，他们通常的行为是怎么样的？"

晏婴回答："国家贫困而好大喜功，智力浅薄而好专断，贵戚平民都不亲近他，大臣也对他不讲礼仪；尊尚善进谗言阿谀谄媚的人而轻视贤德的人，喜欢怠慢不羁的人而轻视百姓；国家没有恒常的法律，百姓没有可遵循的纲纪；把巧言善辩当作智慧，把苛虐百姓当作忠诚，流连沉湎于享乐而忘记了国家大事，喜好打仗而忘记了百姓的疾苦；对于治罪杀人很严厉，对于赏赐却很随意。把别人的悲哀当作自己的快乐，把别人的遭难当作对自己有利的事；道德不足以使人感念，政令不足以使百姓得到好处，赏赐不足以用来劝导向善，刑罚不足以用来防止作恶。这就是亡国的行为。现在百姓听到君王的命令就像遇到了贼寇，这就是古代使自己的百姓离散，丧失自己国家的人的通常行为。"

齐景公问："我想与臣子和谐与百姓亲近，应该怎么做？"

晏婴回答："君主得到臣子以后就任用他们，和他们谈话要诚信，一定听从他们的善言，赦免他们的过失；任用大臣不求全责备，使用近臣不要用自己宠爱的人；不要因自己的贪欲使臣子的家贫穷，不要亲近善进谗言的人来伤害臣子的心。臣下居家不必向外求取而能自足，臣子侍奉君主不借助别人的力量就能被任用，这样臣子就会与君主和谐了。征收税赋从轻，使用财货节省，兴办工程不历时太久，役使百姓不耗尽他们的全部精力；百官设置适当，关口和集市减少税收，山林池泽向百姓开放，不独占那里的好处；引导和治理百姓，不使他们烦恼和动乱，了解他们贫穷或富有的情况，不要让他们受冻挨饿，这样百姓就亲附君主了。"

齐景公说："说得好！我听从您的教诲。"因此命令儿子们不准接受外人的拉拢和请托，摒除梁丘据，不让他担任判决罪人的官职，百官设置适当，关口和集市减少税收，不禁止百姓进入池泽，冤枉罪人的要受到责罚，滞留在监狱中的罪人要予以假释。

齐景公问晏婴："选取人能得到贤良的人的办法是什么？"

晏婴回答："根据他的言语来举荐他，根据他所做的事来考察他，能懂得治国的方法，就尊重并亲近他，选取人要亲近有礼而不要侮辱他，这就是能得到贤人的方法。所以圣明的君主高居上位，应该减少官员的数额而使他们多干事，不讲求言辞的华丽，而注重能够办事，不符合正道的话不说，不符合法令的事不做。"

齐景公问："臣子用什么来报效国君？"

晏婴回答："臣下虽然愚昧，也一定努力用德行来报效君王。士人遇上有道的君主，就顺从他的命令；遇到无道的君主，就对他不道义的行为进行劝谏。所以君主要选择好臣子来使用他，臣下虽然地位低下，也要选择好君主来侍奉他。"

齐景公问："统治国家管理百姓，担心的事情是什么？"

晏婴回答："担心的事情有三件，忠于国君的臣子得不到国君的信赖，这是第一件担忧的事情；国君信赖的臣子不忠于国君，这是第二件担忧的事情；国君与臣子离心离德，这是第三件担忧的事情。所以圣明的君主高居上位，没有忠臣不受信赖的，没有所信任的臣子不忠的。所以说国君与臣子同心同德，百姓就没有怨恨了。"

齐景公又问："对治理国家来说，有什么情况值得忧虑？"晏婴答道："须当忧虑的是区分不开善恶。"齐景公又问："靠什么来弄清楚这种情况呢？"晏婴答道："靠的是慎重选择自己身边亲近信用的人。只要亲近信用的人是好的，那么众多官员都能得到对他们的恰当安排和使用，这样就容易区分开善与恶了。"

孔子听说这件事情后，赞叹道："这些话呀，讲得太实在不过了！好人得到了提拔任用，那么不好的人自然就没有可能再插进来。不好的人得到了提拔任用，那么好人自然也就没有可能得到引进。"

晏婴的心愿

齐景公在牛山游玩，缺少乐趣。齐景公说："请晏婴说说自己的一个心愿。"

晏婴回答说："不，我有什么心愿呢？"

齐景公说："您还是说一个心愿吧。"

晏婴说："我希望有个君主而让我敬畏，有个妻子而与我终老，有个儿子而可以传承我。"

齐景公说："晏婴的心愿真好啊！再说一个心愿吧。"

晏婴回答说："我希望有君主而君主英明；有妻子而品质美好；家里不贫穷；有好的邻居。有君主而君主英明，可以使我的行为每天都能顺利实行；有妻子而品质美好，就使我得到她的襄助行事合理；家里不贫穷，可以周济所相识的朋友，朋友就不会愠怒；有好的邻居，就能每天看到君子。这就是我的心愿。"

齐景公说："晏婴的心愿真好啊。再说一个心愿吧。"

晏婴回答说："我希望有君主可以辅佐，有妻子可以役使，有儿子可以教勉。"

齐景公说："晏婴的心愿真好啊。"

 佯问佯对

齐景公对晏婴说："在东海当中，有一处水的颜色透红，那里的

第五章

忠直不迁

水上又长着枣树，但却只开花不结果，是什么缘故呢？"

晏婴答道："从前秦穆公乘着龙船巡行天下，用黄布包了一些蒸枣，到达东海就把那黄布抛进水里了。由于那是一张黄布，所以海水被染成了红色；由于那是一些蒸枣，所以树上只开花不结果。"

齐景公说："我只诈问你一下，你怎么就回答出来了呢？"

晏婴道："晏婴我曾听说过，如果遇到了诈问，也就只好诈答一些话。"

第六章

社稷之臣

晏婴陪侍在齐景公身边，适逢早晨冷，齐景公对他说：「给我送点热食来

吧。」

晏婴回答他说：「晏婴不是供奉饮食的臣仆，请允许我不去做这种事。」

齐景公又说：「给我拿件皮衣来吧。」

晏婴答道：「晏婴不是服侍起居的臣仆，请允许我不去做这件事。」

齐景公问：「既然是这样，那么先生对于寡人来说究竟是干什么的呢？」

晏婴答：「晏婴么，乃是国家社稷的大臣。」

齐景公问：「什么叫国家社稷的大臣？」

晏婴告诉他：「举凡国家社稷的大臣，必定是能够树立国家社稷的威望，区分

出上下之间应当遵守的礼仪，使之符合固有的道理；控制住文武百官的位次，使之

符合固有的规矩；草拟出应对的言辞，可以传播到四面八方的各个国家。」

先王之游

齐景公出外巡游，问晏婴说："我想观赏转附、朝舞，然后沿海路南下，到达琅琊山，我应该怎样修为才能效法先王的巡游呢？"

晏婴拜了又拜后说："君王问得好啊！我听说天子到诸侯那里去叫作巡狩。诸侯到天子那里去叫作述职。所以春天察看耕种情况，补助那些贫困不足的人叫作游，秋天察看粮食收成，补助不能自给自足的人叫作豫。夏朝的谚语说：'我们的君王不巡游，我怎会得到休息？我们的君王不游乐，我怎会得到帮助？君王的一游一豫，足以成为诸侯的法度。现在君王的出游不是这样，出巡队伍走到哪里，都要百姓供应粮食，贫苦的人得不到补助，劳动的人得不到休息。纵情游山超过时间不回去叫作流，纵情游水不回去叫作连，纵情打猎不回去叫作荒，纵情玩乐不回去叫作亡。古代的圣明的君王没有流连不归的巡游，没有荒亡的行为。"

齐景公说："说得好。"命令官吏计算国家仓库的粮食，登记年老、幼小、贫困的百姓的人数。官吏打开仓库发放粮食，用来给予贫苦百姓的有三千钟，齐景公亲自接见的七十个衰老病弱的人，都赈济了他们，然后才返回。

❧ 桓公之事 ❧

齐景公向晏婴发问："从前先君桓公在位的时候，最喜欢设宴饮酒极尽欢乐，每次进餐食列方丈，贪恋女色毫无区别，行为不端到如此地步，为什么还能够率领诸侯去朝拜周天子呢？"

晏婴回答他说："从前先君桓公在位的时候，凭政绩改变了齐国的风俗，又亲身礼贤下士。比如管仲，本来是先君的仇敌，但先君知道他有安定国家成就功业的本事以后，就从鲁国的边境把他接回齐国来，并且亲自为他驾车，在朝堂上给予他隆重的礼遇。过了些日子，先君从大道经过，听到了宁戚唱的歌，就停下车来注意倾听，一发现那歌中表达了贤人的心声，就把他选拔出来委任为大田。先君发现了贤人就绝不让他们再埋没，用起有本事的人来也一点儿不怠慢，所以对内进行治理就能让民众拥戴他，对外进行征伐就能让诸侯畏服他。而今主上您只听说了先君的过失，却不能明察他的大节，对桓公的霸业，主上您还有什么好怀疑的呢？"

齐景公问晏婴说："从前先君桓公在位的时候，统率的兵车不过三百乘，就实现了九合诸侯，一匡天下的大功业。而今我统率的兵车多达上千乘，能够凭借着这种实力追赶到先君桓公的身后吗？"

晏婴答道："桓公统率兵车尽管不过三百乘，却实现了九合诸侯、一匡天下的大功业，那是由于左有鲍叔牙，右有管仲辅佐的缘故。而今主上您左边的是乐伎，右边的是俳优，专说别人坏话的人活跃在您的面前，专拍主子马屁的人追随在您的身后，您又怎么能追赶到先君桓公的身后去呢？"

水与石

齐景公问晏婴道："清廉正直的人要长久受人尊敬，他们的德行该是怎么样的呢？"晏婴回答他说："他们的德行就像流水一样。多么美好呀，那清清的流水！如果稍有一点浑浊，就无一不是要在大路上去呼雩求雨而使之重新变清，如果照样澄澈明净，就无一不是要用它去为人们洗涤清扫。因此就能够长久受人尊敬。"

齐景公又问："有些清廉正直的人却很快亡去，他们的德行又是怎么样的呢？"晏婴答道："他们的德行就像石头一样。多么坚硬呀，那珞珞的石头！看它一眼就感到是坚硬的，摸它一下也感到是坚硬的，里里外外全都是坚硬的，这就使别人不愿与它长期接近了。因此他们会很快地亡去。"

齐景公问晏婴："请问做臣子的准则。"

晏婴回答说："看到好事必定推广于人，不从中谋取私利，举荐贤人而不图有举贤的好名声。衡量自身才能担任相应的职位，不做苟且求取晋升的事；按照自己的职事接受俸禄，不做苟且求取多得的事。自身身份尊贵还是置身在卑贱者中，也不违背应有的伦常；安置贤能与不肖的人，不破坏他们的次序。肥沃富庶的土地，不占为自己的食邑；贤德诚朴的人，不用作自己的家臣。君王采用他所说的话，百姓得到他所带来的利益，却不夸耀自己的功劳。这就是做臣子的准则。"

齐景公问晏婴："人的本性有好与不好，还可以学习什么吗？"

晏婴回答说："《诗经》上说：'高山仰止，景行行止。'大概就是指人可以向善吧。所以诸侯并存，努力为善而不懈怠的就成为诸侯的首领；众多的士子在一起学习，始终为善的成为老师。"

齐景公问晏婴说："使百姓富裕使大众安宁难吗？"

晏婴回答说："容易。君主节制自己的私欲百姓就会富裕，公正地审理案件百姓就会安宁，做好这两件事就行了。"

内安外归

齐景公问晏婴说："国家要怎样才能称为安定呢？"

晏婴答道："做官的没有隐讳不说的话，在下者没有郁结不通的事；学识渊博的人不到处非议，处境困窘之民不心怀怨恨；高兴的时候不要乱给赏赐，愤怒的时候不要滥施刑罚；从上面看对士人要以礼相待，从下面看对民众要普施恩惠；国土广博不去兼并疆域狭小的国家，兵力强盛不去侵略力量弱小的国家。国内百姓因之而安于这样的政局，国外诸侯因之而归附这样的义举——就可以称为安定了。"

齐景公问晏婴："当今这个时候，诸侯当中哪一个处境最为危险？"

晏婴回答说："莒国恐怕先灭亡吧！"

齐景公说："什么原因？"

晏婴回答说："莒国的国土受到齐国的侵逼，但它的财物却都送给了晋国，所以它先灭亡。"

晏婴

处与去

晏婴作为使臣被派往吴国去访问。吴王对他说："尊敬的大夫接受贵国国君的派遣出使敝国，把恩惠赐给寡人，寡人确是已经受惠不浅了，但我还想私下求教您一个问题。"

晏婴露出犹豫不决的样子，委婉地答道："晏婴只不过是北方的一个贱臣，有幸接受了敝国国君的派遣，来到了贵国的朝堂所在。我实在担心自己说的话会有什么不谨慎的地方，会引起贵国下级官吏的讥笑，所以忐忑不安，不知道拿什么来回答大王的问题。"

吴王说："寡人听说先生的大名已经很久了，直到现在才有机会见到你，无论如何希望能让我提出自己的问题。"晏婴立起身来，恭恭敬敬地答道："我接受大王的指令了。"

吴王问道："国家怎么样就可以处，怎么样就应该去？"晏婴回答他说："据我所知，无论亲疏都能处在对他们合适的位置上，所有大臣都能尽到他们对国家的忠诚心，庶民百姓都没有积聚郁结的情绪，举国上下都没有出现暴虐的刑罚，这样的国家就可以处。所以有道德的人总是归向不做悖逆事情的君主，总是处在政治局面安定的国家的位置上。如果不分亲疏都不能处在对他们合适的位置上，所有大臣都不能尽到他们对国家的忠诚心，庶民百姓大多有积聚郁结的情绪，举国上下到处都出现暴虐的刑罚，这样的国家就该去。所以有道德的人总是不肯接受暴君赐给的俸禄，总是不愿留在政局混乱的国家。"

先民后身

晏婴出访吴国的时候，吴王问他说："请问长久保持国家的威力和强盛，使它不致败落的方法是什么？"

晏婴答道："处理政务时要把民众放在前面，把自己放在后面，首先把恩惠施予民众，然后对他们有所责求，强者不要损伤弱者，贵者不要欺侮贱者，富者不要轻蔑贫者。所有贵族都一起进取，各级官吏都不事侵扰，民众和和睦睦，政治安安定定。不仗恃自己威力强盛而去整垮别国的君主，不凭借自己人口众多而去吞并别人的领土。他们运用法令，是为时代禁止暴虐，所以当世的人都不会对抗他们的意愿；他们动用武力，早为大众扫除祸害，所以庶民百姓都不会厌恶这样的劳苦。所有这些，就是长久保持国家的威力和强盛，使它不致败落的方法，背离了这些方法国家就危险了！"吴王越听越冒火，脸上红一阵白一阵，非常不高兴。

晏婴说："寡君派我来做的事情已经做完了，我晏婴总算没有犯下该当身伏斧钺的罪过，请允许我就此告辞离开贵国。"于是就再没有来见吴王。

社稷之臣

晏婴陪侍在齐景公身边，适逢早晨冷，齐景公对他说道："给我送点热食来吧。"

晏婴回答他说："晏婴不是供奉饮食的臣仆，请允许我不去做这种事。"

齐景公又说："给我拿件皮衣来吧。"

晏婴答道："晏婴不是服侍起居的臣仆，请允许我不去做这件事。"

齐景公问："既然是这样，那么先生对于寡人来说究竟是干什么的呢？"

晏婴答："晏婴么，乃是国家社稷的大臣。"

齐景公问："什么叫国家社稷的大臣？"

晏婴告诉他："举凡国家社稷的大臣，必定是能够树立国家社稷的威望，区分出上下之间应当遵守的礼仪，使之符合固有的道理；控制住文武百官的位次，使之符合固有的规矩；草拟出应对的言辞，可以传播到四面八方的各个国家。"

从此以后，齐景公凡是不合礼仪的，就不见晏婴。

晏婴雕像

何事昏君

晏婴出使鲁国，拜见鲁昭公，鲁昭公高兴地说："天下把先生的事迹告诉我的人太多了，今天得以相见，比我所听说的还要好，希望能私下交谈，不要怪罪。我听说大国的君主，大多是邪僻不正的国君，为什么以先生高洁的品行，却去侍奉邪僻不正的国君呢？"

晏婴迟疑了一会儿说："我不贤德，我的家族中的人又不如我，期待我的俸禄祭祀祖先的有五百家，所以我不敢选择君主。"

晏婴出去后，鲁昭公对人说："晏婴是个仁德的人啊。他使逃亡的国君返国，使危亡的国家转为安定，而不图私人的利益；诛戮崔杼的尸体，消灭了叛乱的人，不是为了获得好名声；使齐国外无被诸侯侵犯的忧虑，内无危害国家的祸患，不炫耀功劳。丝毫不自满，谦逊地用家族需要供养作为托辞，晏婴可以说是仁德的人了。"

化为一心

晏婴出使访问鲁国的时候，鲁昭公问他："我曾听说过，与三个人一起谋划就不会发生迷乱。但我与整个一国进行谋划，鲁国却出现混乱，这是为什么呢？"

晏婴答道："您所提拔重用而让他们荣华富贵的那些人，在内与他们考虑自身的问题，在外与他们考虑国家的问题，都同您身边侍奉的人一样，全是与您个人的心意相同的。这不过是把整个鲁国的心意变成了一个人的心意，连两人都还说不上，又怎么能说是与三人谋呢？那些在您身边侍奉而经常接近您的人，占据了本朝的权力，国家因此就危殆了；左右的人一味进谗献媚，勾结起来堵塞贤才进身之路，政局因此就衰落了；做官的人只图保持禄位，游说的人只图结交权贵，自身因此也危险了。《诗经》中说：'槭树朴树枝叶茂，砍下当作祭柴烧。周王恭敬走在前，左右群臣跟着跑。'这说的是古代圣德贤明的君主是以美德使人们跟着他从善。所以他们对外能知道事情的实情，对内能了解人们内心的忠诚，因此不会迷惑。"

有一次，鲁昭公问他："大夫郑重地屈尊驾临敝国，我十分赞许您，我接受您的赏赐，请问使国家安定、百姓众多应该怎样做？"

晏婴回答说："我听说傲视大国，鄙视小国，国家就会有危险；处理讼事轻忽怠慢，赋税繁重，百姓就会离散。侍奉大国，扶助小国，这是安定国家的方法；谨慎处理讼事，减少赋税，是使百姓众多的办法。"

齐君德行

晏婴出使晋国，晋平公在华丽的宫室盛宴款待他，宴会结束，晋平公问晏婴说："从前您的先君桓公得到众人拥护的情况是怎么样的？"

晏婴回答说："您用礼待我们君主的缛礼，来礼待我这个使臣，我侍奉在您的身旁，受宠惶恐得不知道怎样回答。"

晋平公说："我多次听说过大夫的大名，今天才得以相见，希望就此能听到您的见解。"

晏婴回答说："我听说君子就像雨水一样，深渊大泽容纳它，众人归附他，就像鱼儿得水有了依托，可以极尽游泳的乐趣。如果深渊大泽溃决，水流尽了，里边的鱼儿就会随着水流游动，它们所归向的是水啊，不能禁止。"

晋平公又问："请问齐庄公与齐景公哪一位贤德？"

晏婴说："两位君主的德行各不相同，我不敢说知道哪一个贤德。"

晋平公说："周王室的行为不端，诸侯专权，所以我想听听大夫您的言论。"

晏婴说："先君齐庄公不安心过清静日子，喜欢节制饮食，不喜好礼乐歌舞，喜好用兵，崇尚武力，能和将士们一起忍饥受渴共度寒暑，齐庄公强壮，有超过一般人的力量，但是有一件过失没有能够控制，所以不能免于死难。当今的君王把宫室建得很高大，楼台亭榭修饰得很华美，用来避免饥渴寒热之苦，害怕上天降祸，因而敬奉鬼神。君主的善行，足够用来终养天年，但是不足以用来造福他的子孙。"

《晏婴春秋》书影

有一次，晋平公问他说："您的君主，德行是高还是低？"晏婴用"有小的善行"来回答。晋平公说："不，我不是问小的善

行，而是问您的君主的德行高下。"

晏婴恭敬地说："诸侯之间交往，经过介绍尔后相见，言辞应该有所隐讳。您的问话诚恳实在，我不能再有所隐讳，我的君主没有值得称道的地方。"

晋平公恭敬地送别晏婴，拜了两次然后返回，说："我的过错太危险了！谁说齐国的君主不贤德！以正直著称的人，正在当前的朝廷啊。"

民归田氏

晏婴出使访问晋国期间，晋国大夫叔向陪同他出席一次宴会，两个人坐在一起交谈。叔向问道："齐国的现状大体上像个什么样子？"晏婴答道："现在已经到了衰世，我说不清楚像什么样子。看来齐国将会变为属于田氏所有吧？"

叔向问："为什么这样说呢？"晏婴解释说；"我们的国君弃掷了他的臣民，使他们都归附到田氏的门下。齐国原有的量器共计四种，那就是豆、区、釜、钟；四升算是一豆，每一种量器自身的四倍，这样逐级递升成为釜，十釜就算一钟。田氏的豆、区、釜三种量器，都在原有的容量上又增加一倍，这样一来钟就大得多了。他们按照私家的量器把粮食借出去，又按照公家的量器收回来。把山中的木材转运到市场出

155

售，并不比山里的贵；鱼、盐、大小蛤蜊之类的海产品，运到城里去卖，也不比海滨贵。若从整个齐国看，庶民百姓如果把他们付出的劳力换取的收益分成三份，那么其中两份都被公室占有了，他们穿衣吃饭只能依靠剩下来的那一份，以致造成了公室收藏的财物大量霉变蛀蚀。在我国都城的各个市场上，还出现了屦贱踊贵的现象。庶民百姓为此而痛苦不堪，只有田氏关心他们的疾苦。联想到从前，殷商王朝的掌权者就是在惩处杀戮方面做得很不恰当，特别是在残杀庶民百姓方面简直不分什么时候，而文王先君对殷商民众却十分慈爱施惠，尽量收容赈济那些无依无靠的人们，所以举国民众都愿归附他。这种人心所向不是轻易可以得到的，而是只能归于那些德行高的人。而今齐国的公室骄奢暴虐，田氏却慈善仁惠，所以民众爱戴他们就像对待父母一样，归附他们就像流水汇注一样，要想他们不获得民众，还有什么办法可以避免呢？现在，箕伯、直柄、虞遂、伯戏以及那佑助胡公的太姬夫人的神灵，都已经降临齐国受享了。"叔向感慨地说："即便是我国的公室，也同样处在衰世了。我们军队的战马很久以来没有驾在战车上，我们公室的臣僚很久以来没有投入行伍中，战车很缺乏勇武的甲士，卒列也缺乏领头的军吏；庶民百姓们疲困痛苦，宫廷贵室却侈靡日甚，道路上的死尸并肩抵足，主上的嬖妾却越见富有，庶民百姓听到主上的召唤，就像逃避寇雠一样地避之唯恐不及。栾、郤、胥、原、狐、续、庆、伯八大家，都已沦入皂隶的地位，晋国的国政实际上被几个卿大夫掌握了，庶民百姓已经无所依靠了。但是，我们的国君没有哪一天想到过悔改，依旧让欢乐包藏着忧患，公室的衰微，什么时候有过这种状况呢！谗鼎的铭文说："昧旦丕显，后世犹怠。"何况是没有哪一天想到过悔改，国家的命运怎能长久呢？"

晏婴问道："既然是这样，那么，您打算怎么办呢？"叔向答道："个人力所能及的事我已经做完了，现在只能够听从天命安排了！晋国公室的名门大族，已经快要全部衰亡了。我曾听说过这样的话，就是公室行将衰败的时候，它的宗族就会像树枝树叶一样先行凋落，然后君主也跟着走上这一条路。我的同宗原有十一个家族，时下只剩下我羊舌氏一族还保留着公族地位而已。我又没有后代，公室像这样没有法度的约束，我如果幸运地活到寿终正寝就不错了，难道还敢奢望今后能得到宗族子孙的祭享吗？"

使下顺逆

叔向问晏婴："正直的人的道义，奸邪的人的品行是怎样的？"

晏婴回答说："正直的人居处高位治理百姓时，不偏爱自己亲近的人，回到自己的采地，俸禄足以供养自己而不忘故旧。他们显达时侍奉君主，使君主怜恤百姓；当他们困窘时就教育百姓，使百姓顺从君主。他们侍奉君主，尽礼尽忠，不苟求高官厚禄，不被信用就辞官而不妄加议论。他们结交朋友，先评判他们的品行，不随便亲近，志趣不同就疏远，但不说别人的不好之处。不靠毁谤他人而得到君主的任用，不靠苛虐百姓在朝廷取得尊贵的地位。所以他们被君主任用时百姓就得到安宁，在下野时会受到君主的尊敬。因此他们得到百姓拥护时，君主不怀疑他们，他们被君主任用时也不会背离自己的德行。所以为官时不会丧失自己的操行，引退时也不会危及自身，这就是正直的人的品行。奸邪的人就不是这样，他们被君主任用就会残害百姓，下野时就会背逆君主。他们侍奉君主苟且求得重用，但不遵循忠君的原则，交朋友苟且结合，但不遵循交友的原则。他们靠花言巧语求得俸禄，勾结奸邪的人以求得丰厚的享受。在人前用官位高、俸禄厚来炫耀自己，装腔作势以繁杂的礼仪来耸动世人的视听，不被君主任用时就妄加议论，朋友对他们交情不深厚时就喜欢加以诽谤。所以他们被君主任用百姓就会忧虑，他们在朝廷外活动就会危及君主。因此他们侍奉君主就使君主接近于犯罪，他们结交朋友就使朋友接近于祸患，他们得到君主的任用就会使君主接近于受辱，他们治理百姓使百姓触犯刑法。所以他们被君主任用就会诛杀百姓，在朝廷外活动就会犯上弑君。因此他们与诸侯交往会使国家受辱，治理百姓会给他们带来危害。这就是奸邪的人的行径。"

大贤无择

叔向问晏婴：“入朝做官的道理，隐居为民的道理是怎么样的呢？”

晏婴回答他说：“就入朝做官的道理来说，谋划大事足以安定国家，称誉别人足以引导民众，温顺待人足以抚慰民众，不揣摩上意来换取个人的名位，不背弃民心来放纵个人的行为，可以算上等；用志洁行芳来要求自己，不掩饰过错来超越别人，不进谗献媚来取得升赏，不阿比纵容自己亲近的人，不故意贬抑自己所具之才，可以算中等；尽力做好本职的事而不敢怠慢，奉公守法遵从上令而不敢松懈，对上敬畏而一丝不苟，忌讳过失而从不为非，可以算下等。这三类，都是入朝做官的道理。至于大贤，他们可是无论隐居为民还是入朝做官都是无所区别的，一切都能随顺时势之所宜。而那些被称为君子的人，能力不足以有补于君主，就退隐闲处而不跟从在君主身边，只是一心一意地管理园地，织成草履，对上令敬重，对邻里仁爱，不说放佚的话，不做怪异的事，所以能叫做君子。不把君主的意愿放在心上，不对民众的境况有所忧虑，在内不顾家里的人，在外不顾结交的人，言语放佚，行为怪异，只考虑个人的饥寒，不考虑亲人和朋友，就该把他们称为狂乱邪辟的人，英明的君主是要避忌的，出仕不能尽心尽力地侍奉主上，退隐不能一

社稷之臣

第六章

心一意地洁身独处，开初在求富获利的门道上碰了壁，最终在田间耕作的生活中尽其力，从来都没有恒长久远的考虑，只顾随心所欲，要求显达办不到，要做好耕作的事也难成功，就该把他们称为狂妄自大的人，英明的君主是要责备的。有才干而不足以有补君主，有能力而不足以抚慰民众，空有智能却去退身独处，这就叫作傲上。随便求进取而不分辨是不是正道，随便求利益而不了解是不是错误，这就叫作乱贼。德才不能够辅佐君主，能力不能够抚慰百姓，却要歪曲隐居为民的道理，宣扬轻慢君主的名声，这就叫做乱国。英明的君主在位的时候，这三类人都是免不了罪过的。"叔向说："贤与不肖的区别，大概是由不同人的本性所造成的吧！我时常有这些疑问，却没有能够自己找出答案来。"

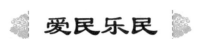

爱民乐民

叔向问晏婴："德怎么样算是崇高？行怎么样算是宽厚？"晏婴答道："德的崇高莫过于对民众爱护，行的宽厚莫过于使民众快乐。"叔向又问道："德怎么样算是卑下？行怎么样算是低贱？"晏婴又回答："德的卑下莫过于对民众刻薄，行的低贱莫过于使民众受害。"

叔向问晏婴："啬、吝、爱三者于品行来说怎么样？"

晏婴说："啬是君子的准则，吝、爱是小人的行为。"

叔向说："为什么这样说呢？"

晏婴说："衡量钱财的多少而节约使用，富裕了就把钱财分给贫穷的人，贫困了也不向人借贷，这就叫作啬；集聚的钱财很多但是不能分给贫穷的人，却丰厚地供养自己，这就叫作吝；钱财很多但是不能分给贫穷的人，又不去供养自己，这就叫作爱。所以啬是君子的准则，吝、爱是小人的行为。"

尊贤不退不肖

叔向问晏婴说："君子的大义是怎样的？"

晏婴回答说："君子的大义是，与世俗和同协调但不循俗，明察事物但不苛求他人，庄重恭敬但不急迫，和顺柔缓但不卑下，行为方正棱角分明但不伤害别人，操行精纯但不以此显示别人的污浊，崇尚同一但不遗弃无能的人，富贵但不轻视别人，贫穷困顿但不改变操行，尊重贤能的人但不黜退不贤良的人。这就是君子的大义。"

叔向问晏婴说："当官不能侍奉君主，引退不能和顺家庭，目空一切，自乐其业，把自己弄得形容憔悴以博得遗世的名声，不怀疑自己所坚持的做法，这种人可以说能够实行他们的理想之道吗？"

晏婴回答说："我听说古代能够实行道的人，世道可以匡正就匡正，不可以匡正就委曲求全。他们匡正世道，不失去上下的伦常；他们委曲求全时，不失去仁义的原则。道能够实行，就与世人一起安居乐业，道不能实行，也有依托与归宿。不用傲视君主来哗众取宠，不用形容憔悴弃世隐居而博取虚名。所以道是国家能够治理好，而自己又能平安的根本。现在把不侍奉君主当作道，把不顾家庭当做有好的操行，把形容憔悴弃世隐居当作有名节。国家实行这种道就会混乱，自身实行这种道就会发生危险。况且天和地、人与人上下之间有等差，圣明的君主开始建国立业，为了统治国家制定法度，政治和教化施行，百姓的行为就有了规范。现在把不侍奉君主当作道，这就违反了天地的等差；把不顾及家庭当作好的操行，这就背离了古代圣贤的大道了；把形容憔悴弃世隐居当作有名节，那么就阻碍了国家施行政治和教化的途径了。这种道，有明君时不可以拿来治理百姓，遭逢乱世又不可以治理混乱。鼓吹这种道叫作迷惑，实行这种道叫作狂妄。迷惑的人和狂妄的人，就像没有经过雕琢的木块石头，在他们身上道义并不具备。”

何为君子

叔向问晏婴说："人怎样做就可以称得上荣耀了？"

晏婴回答说："侍奉长辈孝顺，对以往的行为没有可后悔的；侍奉君主忠诚，对以往说过的话没有可后悔的。对兄弟和睦，对朋友诚信。不掩饰自己的过失，不贪求利益。与人交谈不相互争论是非曲直，行为不与平常所说的话相反。高居上位管理百姓，足以使君主受到尊敬，身居下位主持教化，足以使人改过向善。为人没有可以指责的地方，行为没有可以毁伤的地方。这样就可以称得上是荣耀了。"

叔向问晏婴："一个人要怎么做才称得上安守自身呢？"晏婴回答说："《诗》里写得好：'既明且哲，以保其身，夙夜匪懈，以事一人。'如果不马虎从事，不贪求宠幸，而是先从难的事做起，然后尽力做成它，那么做成了就是得到尽力的机会，做不成也不是自己的过错，这就可以叫作安守自身了。"

曾子问晏婴说："古代曾有对上不劝谏君主，对下不顾及百姓，退隐山谷之间，而成就洁行高义的人吗？"

晏婴回答说："看来这种人本身没有才能，却托辞说不愿劝谏君主，这叫作妄诞欺人。君主昏聩迷乱，不能实行德政和仁义，邪僻的人朋比为奸，贤德的人得不到任用，士人有的不去改变这种情况而跟着干邪僻的事以求得做官的机会。所以有隐居的也有不隐居的，这都取决于士人自己。对上不劝谏国君，对下不顾及百姓，退隐山谷之间，我不懂得这些人是怎么成就洁行高义的。"

一心事百君

梁丘据问晏婴道："您侍奉过三位国君，国君的心不一样，而您都能够顺应他们，莫非仁人本来就有好多颗心吗？"晏婴回答说："晏婴我听说过这样的道理，就是顺从爱重而不懈怠，就能因此而让百姓听从自己的话，强横暴虐而不忠诚，就不能让哪怕一个人听从自己的话。所以凭着一颗心就可以侍奉上百个国君，而凭着三颗心则连一个国君也不能够侍奉好。"

孔子听说这件事情后，感叹道："小子们可要记住这些话啊！晏婴就是一个可以凭着一颗心侍奉上百个君主的人。"

立身之道

柏常骞离开周王室到齐国去，见到晏婴说："我只不过是周王室的一个地位低下的史官，不自量自己不贤德，愿意来侍奉您。请问坚持正道行为端正，就不能容于世人，违背正道行为不正，那又不忍心这么做。如果想不废弃正道，自身的品行也不丧失应该怎么做？”

晏婴回答说："您问的是侍奉君主的事情吗？问得好啊！我听说，粗率不恭，就不会被君主听取；轻率地妄加附和，就不会被君主信任；率直没有忌讳，就很快会受到伤害；喜欢变旧图新贪求名利，没有不失败的。况且我听说有心于匡济世人的君子，承担重大的事不是为了做官，承担轻易的事不是为了隐退，反省自己的行为不自夸，见到好处谦让而不自傲，陈说伦理事物时不自以为是，看见上天显现的兆象就顺从而不强行违背。这样的话，正道就不会废弃，自身的品行也不会丧失了。"

人不足恃

齐景公问晏婴说："有强有力的臣子，足以依靠吗？"

晏婴回答说："不足以依靠。"

齐景公又问："有强有力的兄弟，足以依靠吗？"

晏婴回答说："不足以依靠。"

齐景公生气地变了脸色，说："我现在有可以依靠的人吗？"

晏婴回答说："强有力的臣子，没有谁比得上商汤了；强有力的兄弟，没有谁比得上夏桀了。商汤杀死了他的君主夏桀，夏桀驱逐了他的兄长，怎么能认为他人是足以依靠的，而依靠他人使国家不败亡呢！"

位立民安

晏婴

齐庄公紧闭宫门商议吞并莒国的事情，都城的居民误认为这是发生了内乱，都手执长戈长戟站在大街小巷内。齐庄公把睢休相召来问道："寡人关闭宫门是在商议征伐莒国的事情，都城的居民却误认为发生了内乱，都挥动长戈长戟站在大街小巷内，怎么办才好？"休相回答说："本来没有发生内乱，但都城的居民却误认为有了这种事，那就意味着仁人不在其位。请赶快在都城中发布号令，说明晏婴仍然在其位。"齐庄公说："好吧。"

于是就按这个意思在整个都城发布了号令："谁说都城发生了内乱呀？晏婴还在位嘛！"这样做了后，大家都提着拖着兵器各自回家去了。

孔子评论说："做任何事情都不能不下工夫做好。晏婴在位民心就安定，这绝不是一天两天所能达到的，完全是由于人们看见他以前是怎样做的，以后也信任他的缘故。因此，只要晏婴处在国家重臣的位置上，就足以安定万民的心了。"

齐景公奔丧

齐景公在外游玩，听到了晏婴去世的消息，他立即催促备车，驾上繁骃宝马赶回去。但认为车跑得太慢了，便下车来小步向前跑。发现这样还是不及车跑得快，就又改为乘车。及至抵达都城，已经是反复四次下车跑过了，就这样，一路哭着去奔丧。

到了晏婴的府第，马上伏在他的尸体上放声恸哭，一边哭一边说："可敬的大夫日日夜夜严格要求寡人，一分一寸都不肯放过，寡人还是纵欲放荡而不能节制，以至在百姓中积聚起了重重怨恨和责难。而今上天把灾难降到了齐国，不加在寡人身上，却加在先生身上，齐国的社稷可就很危险了呀！以后百姓有话又能向谁去诉说呢！"

齐景公拿玉放在晏婴的尸体上哭吊他，眼泪沾湿了衣襟。弦章劝谏说："这不符合礼的规定。"

齐景公说："哪里还用得着礼呢？从前我与先生在公阜游览，先生一天之内就劝谏我三次，现在还有谁能这样做呢！我失去了先生，还有什么礼呢？"齐景公脱去帽子，极尽哀痛之情后才离去。

第七章

谦恭下士

晏婴在路上遇到一个落魄的士人，名叫越石父，便为他赎身，让他随自己回家。到了府门口，晏婴没有打招呼就进去了。越石父生气了，当即要求断绝关系，晏婴很奇怪。越石父说：『我听说，士人在不知己的人那里会遭到委屈，在知己的人那里会得到伸扬，而有道德的人既不会因为有功于人就轻视别人，又不会因为别人有功就委身别人的道理。我三年来给人当奴隶，就是由于没有人能了解我。如今你把我赎出来，我本以为你是了解我的。但前些时候你乘车而去，不向我告辞，我还以为你是忙中忘记了。今天又是不辞而入，这就同把我当奴隶的人一样了。我既然还是一个奴隶，那就请把我带到别处去卖掉吧！』

晏婴从府里出来，当面向他道歉：『以前我只看见了你的外表，如今才真看出了你的心志。请你给我改正的机会。』说完后马上下令洒扫除尘，撤几改筵，摆出丰盛的酒席，采用隆重的仪式，对越石父以礼相待。

讼公坐地

晏婴做齐庄公的臣子，齐庄公不喜欢他，饮酒时下令召晏婴来。晏婴到了，刚进门，齐庄公就命令乐人奏乐歌，歌词是："算了算了！寡人得不到喜悦啊，你来做什么？"晏婴入座，乐人连续三次演奏这首歌曲，然后晏婴才明白这是说的自己。于是就离开坐席，面向北坐在地上。

齐庄公说："先生跟我一起坐吧，为什么坐在地上呢？"

晏婴回答说："我听说打官司的人要坐在地上，现在我将与君主打官司，怎敢不坐在地上呢？我听说，人多而不讲道义，恃强而不讲礼仪，喜好勇力而厌恶贤德的人，祸患一定会落到他身上，说的就是像君主这样的人。况且我说的话不被采纳，希望君主允许我辞职离开这里。"于是快步走回去了，把锁在家中的东西全部拿出来交公，把在外的财产拿到市面上卖掉，说："君子有力量为百姓办事，就晋爵加俸，不推辞富贵；无力为百姓办事就辞官寄食他乡，不厌恶贫贱。"于是步行向东方而去，在海滨耕田种地。过了几年，齐国果然发生了崔杼杀死齐庄公的祸乱。

170

守志抗盟

崔杼杀害齐庄公后，拥立了齐景公即位，崔杼和庆封分别担任右相和左相，并把所有的将军、大夫以及名士、庶人胁迫到姜太公祀庙外的祭坎上，命令他们谁都不得拒绝盟誓。为此特地筑起了三仞高的誓坛，又在坛下挖成了一个大坑，还安排上千名甲士列队环绕在那里的内内外外，来参加盟誓的人都必须取下佩剑才准进入。唯独晏婴不肯取下佩剑，崔杼只好同意了。凡是有敢于拒绝盟誓的人，就拿戟钩住他的颈项，拿剑顶住他的心口，逼令他自己朗诵誓词："不亲附崔、庆而亲附公室的人，就要遭受灾祸。"发誓不迅速，指头上没有刺出血来的人只有死路一条。相继被杀的人已有七个。

按次序，轮到了晏婴。晏婴双手捧着歃血的酒杯，仰天长叹道："哦呀！崔子做出了大逆不道的事情，杀害了自己的君主，不亲附公室而来附崔、庆的人，就要遭受灾祸。"说罢低下头，一口饮尽了血酒。

崔杼对晏婴说："你赶快改变你说的话，那么齐国就由我和你共同享有。你要是不改变你说的话，那么长戟已经钩在你的脖子上，利剑已经顶在你的心口上，希望你仔细考虑一下何去何从吧！"晏婴答道：

171

"用锋刃来威逼我,想使我丧失自己的意志,这不能算是勇。用利禄来诱惑我,想使我背弃自己的国君,这不能算是义。崔子,你难道就没有读过《诗经》吗?《诗经》中说:'茂密葛藤长又柔,蔓延缠绕树梢头。平易近人好君子,不违祖德把福求。'而今我晏婴难道会甘愿用邪僻的办法来换取福禄吗?纵然弯曲的戟刃已经钩住了我,笔直的利剑已经刺向了我,我晏婴也是绝不改变的!"

崔杼听了,便要杀他。有人出来劝阻道:"不能这样做!您因为您的君主无道而杀掉了他,但他的臣子却是有道之士,如果紧接着又杀掉有道的臣子,那就不能凭此进行教化了。"崔杼于是放走了晏婴。

晏婴快步走出,拉住车上的绳子登上了车。他的车夫要驾车奔驰,晏婴按着车夫的手说:"慢慢行走!跑快了不一定能活,慢慢走不一定会死,鹿生长在野外,它的命掌握在厨师手中,我的命也悬系在他人手中。"于是有节奏地驾着车子不紧不慢地离去了。

《诗经》中说:"他是这样一个人,肯舍生命保节操。"这说的就是晏婴。

人莫若故

齐景公与晏婴站在曲水池的堤岸上,晏婴提起一个话头说:"衣莫如新的好，人莫如旧的好。"齐景公说："衣要新的好，确实是这样子的；人如果是故旧，相互之间知道的实情太多了。"晏婴回去后，马上收拾行装，派人去向齐景公告退道："晏婴我已经老朽无能了，请允许我不再从事少壮者做的事。"

齐景公自己治理国家，手中的权力被高氏、国氏逐步削弱，百姓普遍地混乱。齐景公害怕了，重新召回了晏婴。

以工代赈

齐景公执政的时候发生了饥荒，晏婴请求给百姓发放救济粮，齐景公不允许。适逢修建路寝台，晏婴就命令官吏增加修台的工价，加长运输距离，放缓修台的日期，不去催促修台的工期。三年后路寝台修成，满足了齐景公游览的乐趣，百姓也得到了足够的粮食。

君子说："按照施政方法，晏婴只是想把粮食发放给百姓就行了，可是这个办法行不通，他就借筑台之事施行发放粮食救济灾民的政事。"

不可变古

　　齐景公登上齐国都城东门外的堤防，看见百姓穿着单衣然后才能爬上去，齐景公说："这个堤防太高会大大伤害牛马的蹄趾，为什么不放低六尺呢？"

　　晏婴回答说："从前我们的先君桓公，是圣明的君主，而管仲则是贤能的宰相。以贤能的宰相辅佐圣明的君主，而东门外的堤防才得以全部修筑好。古时候修堤防不放低六尺，恐怕是有原因的。早年淄水泛滥，大水涌入广里，水位正是低于堤防六尺，先前如果堤防修低了六尺，那就没有现在的齐都了。古时候不轻易改变常法，说的就是这种情况啊。"

治国之本

　　齐景公在寿宫游玩，看见一个老人在背柴，并且面有饥色。齐景公为此而感到悲痛，长声叹息着说："快传令叫官吏把他养起来！"晏婴称赞道："臣下听说过，遇见贤人就高兴，遇见不肖的人就哀怜，乃是维系国家的根本。而主上这样爱护老人，并且恩德没有什么地方达不到，更是治理国家的根本。"齐景公笑起来，脸上露出了喜色。晏婴又说："圣明的君主遇见一个贤人就会推及到对所有贤人都高兴，遇见一个不肖的人就会推及到对所有不肖的人都哀怜。因而请主上下令找出所有年老体弱而无所供养，鳏寡孤独而没有家产的人，考定实情后供给他们以吃穿用品。"齐景公当即表示："可以。"从此之后年老体弱的人都有了供养，鳏寡孤独的人都有了家产。

雏弱而反

齐景公去摸取雏鸟，摸出来后发现雏鸟还很幼弱，又把它放回巢里去。晏婴听说这件事情后，立即进宫来拜见齐景公。齐景公头上冒着汗，露出一副戒惧的样子。

晏婴问他道："您刚才做了什么事情呀？"

齐景公说："我去摸取雏鸟，发现雏鸟太幼弱，就把它放回巢里去了。"

晏婴退后两步，严肃地面向北拜了两拜，祝贺道："我们的君主已经具备圣王之道了！"

谦恭下士

齐景公问："寡人去摸取雏鸟，发现雏鸟太幼弱，就把它放回窠里去，这就叫符合圣王之道，是什么道理呢？"

晏婴回答他说："您去摸取雏鸟，发现雏鸟太幼弱，就把它放回窠里去，这就叫做抚爱幼小者。我们的君主具有仁爱之心，竟连禽兽都施予给它们了，又何况对于人呢？所以说，这就是圣王之道。"

有一次，齐景公看见有个小孩在道路上乞讨，齐景公说："这个小孩无家可归呀！"

晏婴说："有君主关心过问，他怎么会无家可归呢？命令官吏抚养他，等小孩长大成人后，再报告君主知道。"

刖跪之辱

齐景公在大白天披散着头发，乘着六匹马拉的车子，载着宫中后妃要驶出宫中正门。受过刖刑的看门人敲打着他的马，要他掉头回宫，并且斥责道："你不是我的君主！"齐景公感到很惭愧，不出朝理事。

晏婴见到裔款，问道："主上为什么不出朝理事？"裔款告诉他说："前不久主上在大白天披散着头发，乘着六匹马拉的车子，载着妇人要驶出宫中正门。看门人敲打着他的马，要他掉头回宫，说什么：'你不是我的君主！'主上自觉惭愧，掉头回宫，因为没能出去，所以不再出朝理事了。"

晏婴进宫去拜见齐景公。齐景公对他说："前不久寡人做错了事，披散着头发，乘着六匹马拉的车子要出宫中正门。刖人敲打着马，要我掉头回宫，还说了：'你不是我的君主！'寡人靠着天子、大夫的惠赐，得以统率百姓和看守宗庙。如今被刖人所羞辱，从而使国家蒙受耻辱，我还能与诸侯比肩相待吗？"

晏婴劝解道："主上不要把这当作羞耻事！我听说过，下面没有坦率的言论，上面就有隐蔽的过失；庶民大多不敢于明说，主上必有放纵的行为。往古时期，英明的君主在上，下面就多坦率的言论；君主若喜欢善行，庶民就不会忌讳谏诤。而今主上有了放佚的行为，刖人直言无忌地阻止您，这是主上的福气呀，所以我来祝贺。请您给他以奖赏，从而表明主上是喜欢善行的；给他以礼遇，从而表明主上是接受谏诤的。"

齐景公笑了笑说："可以吗？"晏婴答道："可以。"于是齐景公就下令，把发给刖人的资俸增加一倍，不征收他的赋税，定时的朝会也不要他再来侍奉。

与民共乐

晏婴请齐景公饮酒，命令酒器一定要新的，家老（管家）说："钱财不够，请允许我向百姓征收。"

晏婴说："不行！快乐应该是上下共同享受。所以天子和天下人同乐，诸侯与国内的人同乐，大夫以下的人各与他们的僚属同乐，没有独自享乐的。现在高居上位的人以自己的快乐为快乐，在下的百姓却耗费钱财，这是独自享乐，不可以这样做！"

君臣之礼

晏婴请齐景公饮酒，天黑了，齐景公呼唤准备灯火，晏婴婉辞说："《诗经》中说'头上歪戴鹿皮帽'，说的是失去了品德。'酒醉起舞不停止'，说的是失去了仪态。'如果喝醉就出门，大家托福都叫好'，说的是宾主之间的礼节。'有的醉了不肯走，那就叫作缺德佬'，这是客人的过失。我选择的是请您白天饮酒，没有选择晚上请您饮酒。"

齐景公说："说得好。"举起酒来称赞了饮食丰富后，拜了两次后离开晏婴家。说："怎么能责备我呢？我把国事托付给了晏婴。他以居家平常的饮食款待我，不想铺张浪费，更何况他与我谋划国事呢！"

折冲尊俎

晋平公打算进攻齐国，就派范昭出使齐国去观察虚实。齐景公设置酒宴招待他。大家饮酒饮得畅快的时候，范昭提出要求说："请将君侯的副樽赐给我。"齐景公便招呼左右的人道："快斟满寡人的酒樽，拿它去献给尊贵的客人。"范昭接过这樽酒饮尽后，晏婴立即说道："快撤掉这个酒樽，另外换一个！"樽、觯都重新送上来后，范昭故意做出醉醺醺的样子，很不高兴地起身来跳舞，并且对太师说："可以为我演奏成周之乐吗？我愿给你跳个舞。"太师冷冷答道："盲臣还没有练习过。"范昭便快步离开了。

齐景公对晏婴说："晋国是一个大国，派人来是要观察我们的政事如何，而你却激怒了大国的使者，下一步怎么办才好呢？"晏婴回答道："这个范昭的生平为人，并不是见识短浅、不懂礼仪的，只不过故意要试探一下我们君臣，所以我要断他的念头。"

齐景公又对太师说："你为什么不替客人演奏成周之乐呢。"太师回答道："成周之乐是天子享用之乐，倘若演奏它，一定要是国君才有资格随乐起舞。而这个范昭，只不过是个臣子罢了，却妄想用天子之乐伴奏起舞，所以我不替他演奏。"

范昭回到晋国后，把这些情况都向晋平公作了报告，并说："齐国是不能去征伐的。我本想试探一下它的国君，却被晏婴识破了；我又想冒犯一下它的礼仪，也被太师看穿了。"

孔子听说这件事情后，赞扬道："不离开尊俎之间，就折冲千里之外，这大概就是晏婴说的吧，真不愧智慧超群啊！至于太师，也和他是一个样的。"

晏婴

请罢伐鲁

齐景公派兵讨伐鲁国，直逼到许，俘获了东门无泽。

齐景公问他："鲁国今年谷物的收成状况如何？"

东门无泽答道："背阳的冰凝结得像石块一样，向阳的冰有五寸厚。"齐景公不明白这是什么意思，就去对晏婴说了。

晏婴回答他说："主上问年成如何而拿冰来做回答，这是守礼。背阳的冰凝结得像石块一样，向阳的冰有五寸厚，说明寒温协调。

寒温协调就政治平稳，政治平稳就上下和睦，上下和睦就年谷稔熟。年谷充实，众心和睦，还要去讨伐它，臣下担心会使我们落得民众疲困、军队困败的下场，成就不了主上的本意。请对鲁修礼而平息我们的仇恨，遣返俘虏而张扬我们的盛德。"齐景公说："好。"于是就不继续攻打鲁国。

相互谦让

齐景公赠与鲁国国君土地，在泰山北面，有几千户人家，派晏婴去赠送土地，鲁国派子叔昭伯来接受土地，但没有全部接受。

晏婴说："我们君主赠献土地，完全是诚心诚意的，为什么不全部接受呢？"

子叔昭伯说："我从君主那里接受命令说：'诸侯会见时，相互谦让，争着处于卑下的地位，这是礼仪的形式；相互赠送的礼物多，争着少接受礼物，这是行为的实质。相互交往先尽到礼仪的形式，然后行为再尽到实质，这是相互交往之所以能够长久的原因。况且我听说君子不能享尽别人对自己的欢欣，不能完全收受别人对自己的忠诚，所以我不能全部接受啊。"

晏婴回来报告齐景公，齐景公高兴地笑着说："鲁国国君是这样的吗？"

晏婴说："我听说大国贪图名义，小国贪图实惠，这是诸侯的通病。现在鲁国宁愿处于卑下的地位而不贪图尊贵的地位，推辞实惠而不贪图多取，行为廉正不愿苟且求得，遵从道义不愿无原则行事，不享尽别人对自己的欢欣，不完全接受别人对自己的忠诚，以此来维持国与国的交往，鲁国国君的道义，不同于世俗，使鲁国免除了诸侯共有的毛病。"

齐景公说："我喜欢鲁国国君，因此赠给他土地，现在鲁国国君的行为果真如此，我将派人去祝贺他。"

晏婴说："不行！君主因为高兴赠给他土地，又去祝贺他推辞不全受的行为，这样就显得交往不够亲密，而原来赠送土地也算不上有恩德了。"

齐景公说："说得好。"于是厚赠鲁国钱币，超过对待别的诸侯，用隆重的礼节对待鲁国使臣，超过对待别的诸侯的使臣。君子通过鲁国辞不全受的行为，懂得了行为廉正、辞让赠地可以使国家享有巨大的名声。

愚者多悔

鲁昭公失去君位，流亡到齐国，齐景公问他情况，说道："你为什么这么年轻，却这么早地丢弃了自己的国家呢？是什么缘故使你弄到这个地步的呢？"鲁昭公回答说："我年轻的时候，有不少人爱护我，我却只能遇他们而不能亲近他们；有不少人劝谏我，我却只能记住它们而不能采纳它们。这样一来，就弄得内无弼而外无辅，内内外外辅弼的人一个都没有，而巴结逢迎我的人却相当多。打个比方说，这就像秋蓬一样，只让它留着一条孤根，空有美好的枝叶，秋风一吹起来，它就要连根拔起了。"

齐景公认为这些话说得很聪明，就拿去告诉晏婴，并说："倘若让这个人重新回到他的国家去，岂不是可以成为古代贤君那样的国君吗？"晏婴答道："这不可能。大凡愚昧的人就多后悔的事，不贤的人总以为自己很贤良，正如溺水的人总是先不打听可涉之路，迷途的人总是先不打听可行之路。而溺水以后才打听可涉之路，迷途之后才打听可行之路，打个比方说，就好像遇到危难才赶紧铸造兵器，感到口渴才赶紧掘水井一样，尽管表面上反应很快，实际上已经来不及了。"

守礼不泥

晏婴出使鲁国，孔子叫学生前去观看。子贡回来，报告孔子说："谁说晏婴熟悉礼仪啊？《礼记》上说：'登台阶不能越级，殿堂之上不能快步行走，授给玉器不能下跪。'现在晏婴都违反了这些规定，谁说晏婴是熟悉礼仪的人呢？"

晏婴完成了在鲁国国君那里的公事后，出来去会见孔子。孔子说："按礼仪规定，登台阶不越级，殿堂上不快走，授给玉器不下跪。先生违反了这些规定了吗？"

晏婴说："我听说殿堂的东楹与西楹之间，国君与臣子各有固定的位置，国君跨一步，臣子行两步。君主来得快，所以我登台阶越级，在堂上快走，是为了及时赶到自己的位置上去。鲁君接受玉器时姿势很低，所以我跪下来把玉器交给他。况且我听说，大的规矩不逾越，小的方面有点出入也是可以的。"

晏婴走出，孔子用对待宾客的礼仪送他，回来后，对学生们说："不拘泥于明文规定的礼仪，只有晏婴才能够做到。"

184

豚亡二肩

晏婴到鲁国去，早餐送来的食品当中，有一条小猪。晏婴说："把山猪的两只前腿拿去收藏起来。"到正午送来膳食时，小猪的两只前腿却没有送上来。侍从的人说："小猪的两只前腿没有了。"晏婴说："不要管它吧。"侍从的人说："我可以查出那个盗用的人。"晏婴说："算了吧。我听说过，如果只衡量事功而不衡量能力，就会使得老百姓力穷财尽；如果连隐藏与多余都区别不开，就会使得老百姓动手偷盗。你要指教我就教给我改变这些状况的方法，不要教我去追究那些做了错事的人。"

赠以善言

曾子即将离开齐国，晏婴去给他送行，说："君子与其拿车子赠送别人，不如拿言语赠送别人。我想问一问，此番送你是拿言语好呢，还是拿车子好呢？"

曾子回答道："请拿言语相赠吧。"于是晏婴说道："车子的轮子，原本取材于山间的直木，优良的工匠烘烤之后使它变弯曲，其圆度经得住圆规的卡量，即使再暴晒枯干，也不会再有什么地方暴凸起来，所以君子总是要慎重对待矫正变性的事情。和氏的宝玉，原先看起来也同乡里常见的石块一样，优良的工匠对它进行修琢之后，就使它变成了存国的瑰宝，所以君子总是要慎重对待修养性情的事情。比如兰草和藁本，都要经过三年才能够长成，如果只是用苦酒浸泡它们，那就会使得君子不愿意接近，庶人不愿意佩用；如果换成用糜酱浸泡它们，其价值就变得要用一匹马才能交换了。这并不是因为兰草和藁本自身有多么美好，而是浸泡物使它们变成这样的，所以我希望你一定要求取优良的浸泡物。晏婴我听说，君子居处一定要选择邻居，交游一定要接近士人，而选择邻居就是为了求取士人，求取士人就是为了避除祸患。晏婴我还听说违反常理就会改变本体，沾染俗气就会改变本性，所以对这些事情不能不慎之又慎啊。"

结识越石父

晏婴前往晋国的途中，路过中牟，见到一个头戴破帽子、反穿旧皮衣、背着柴草在路边歇息的人，觉得这是一个有德行的人，便叫人去询问他。

去的人问道："你是什么人呀？"那人回答："我是越石父。"

晏婴亲自接上话茬："你为什么到这里来？"越石父说："我给人做奴隶，被带到中牟来做奴隶，今天奉派出来打柴，就要回去了。"

晏婴再问："为什么要做奴隶呢？"越石父说："我自身免除不了挨冻受饿，所以只好做奴隶。"

晏婴又问："做奴隶多少时间了？"越石父说；"三年了。"晏婴又问："可以赎出来吗？"越石父说："可以。"于是晏婴叫人解下左骖的马去赎出了越石父，以后又让他顺便搭车，一起回到齐国。

到了府门口，晏婴没有打招呼就进去了。越石父生气了，当即要求断绝关系。晏婴听说后，叫人去问他原因："我从来与你没有什么交往，你做了三年奴隶，是我现在偶然遇见后把你赎出来的，我对你还有什么不好么？你为什么这么快就要与我断绝关系呢？"

越石父对派去的人说："我听说，士人在不了解自己的人那里会遭到委屈，在了解自己的人那里会得到伸扬，而有道德的人既不会因为有功于人就轻视别人，又不会因为别人有功就委身别人的道理。我三年来给人做奴隶，就是由于没有人能了解我。如今你把我赎出来，我本以为你是了解我的。但前些时候你乘车而去，不向我告辞，我还以为你是忙中忘记了。今天又是不辞而入，这就同把我当奴隶的人一样了。我既然还是一个奴隶，那就请把我带到别处去卖掉吧！"

晏婴从府里出来，当面向他道歉道："以前我只看见了你的外

谦恭下士

表，如今才真看出了你的心志。我听说，能反省自己行为的人决不加重自己的过失，能明察别人实迹的人决不指责别人的言辞，我可以向您解说而不被您拒绝吗？晏婴我请求得到改正的机会。"说完后马上下令洒扫除尘，撤几改筵，摆出丰盛的酒席，采用隆重的仪式，对越石父以礼相待。

御者夫妇

晏婴担任齐国的国相，有一次乘车外出，他的御者的妻子从门缝中暗自观看。她的丈夫担任国相的御者，一手拥着宽大的车盖，一手挥鞭驱赶着驷马，意气扬扬，显出一副自以为得意的神态。

不久御者回到家里，他的妻子要求离去。丈夫问她这是什么缘故，妻子答道："晏婴身高还不满六尺，却担任齐国国相，名声在诸侯中到处显扬。今天妾观看他乘车外出，志向和意念都显得很深沉，始终有一种使自己保持谦恭的样子。而你身高八尺，只不过给人家充当仆御罢了，但是你的意向却显得自满自足，妾就为这个缘故要求离去。"

那以后，她的丈夫严于律己，变得谦逊起来。晏婴对此感到诧异，便问他为什么会有这种变化，御者就把实情告诉了他。晏婴便举荐御者担任了大夫。

恨不尽意

燕国有一个游士叫作泯子午的，由北至南来到齐国拜见晏婴，随身带着言辞合乎礼乐法度、方法具有脉络层次、宏大处可以对国家有裨益、细微处可以对晏婴有助益的著述三百篇。可是见到晏婴后，他却露出畏惧的样子，不能侃侃而谈。晏婴始终对他显出和善的神态，展示礼貌的气度，这以后，他才得以说完了想说的话。

客人离去以后，晏婴正襟危坐着，停止接待宾客有好长一段时间。在他身边的人问道："先前燕国来客陪坐的时候，先生为什么会若有所忧呢？"

晏婴答道："燕国，乃是一个拥有万辆兵车的大国；而齐国，与燕国相距足有上千里的路程。泯子午却认为拥有万辆兵车的大国不值得他去游说，又认为上千里的路程算不上遥远，这说明他是超出千万人以上的杰出人才了，但在我面前尚且不能言尽其意，何况我们齐国人中那些胸怀高见而至死无由表达的人呢？我因此而未能见到的人才，难道不是很多么！而我失去了这些有才德的人，还能有什么功劳可言呢！"

以身相报

　　齐国有一个叫北郭骚的人，靠织网捕兔、打柴草、编草鞋来奉养自己的母亲，还是不足以维生，他亲自到晏婴的家门求见晏婴说："我内心仰慕先生的高义，希望乞求一些能够奉养母亲的东西。"晏婴叫人拿些粮仓里的粮食和库房里的钱币赠送给北郭骚，北郭骚谢绝了钱币，接受了粮食。

　　过了一些日子，晏婴被齐景公猜忌，逃往国外，路过北郭骚的家门时向他告辞。北郭骚沐浴后拜见晏婴说："先生将到哪里去？"晏婴说："我被齐君怀疑，将要逃亡到国外。"北郭骚说："先生保重啊！"晏婴上车长叹一声说："我逃亡国外难道不是应该的吗！我也太不了解士人了。"

　　晏婴走后，北郭骚把他的朋友请来，告诉他们说："我敬佩晏婴的高义，曾经向他乞求来奉养母亲的东西。我听说，赡养过自己双亲的人，自己应当为他承担灾难。现在晏婴被齐君猜忌，我将用自身的死来为他剖白。"他穿上衣服戴上帽子，让朋友拿着剑，捧着竹箱跟在他后边，来到宫廷，向守门通报情况的人说："晏婴，是天下贤德的人，现在离开齐国，齐国一定会遭到侵略。眼见国家一定会遭到侵略，不如去死，请用我的头为晏婴剖白。"于是对他的朋友说："把我的头装在竹箱里，奉托给你。"北郭骚退下来就自刎而死。他的朋友于是捧着北郭骚所交托的竹箱，对守门通报的人说："这个北郭先生为了国家的事而死，我将为北郭先生而死。"又退下自刎了。

齐景公听到这件事以后，大为惊骇，乘坐驿车亲自去追赶晏婴，一直追到齐国的边境才追上，请求晏婴回去。晏婴不得已而返回，听到北郭先生用死来为自己剖白，长叹一声说："我逃亡国外难道不是应该的吗！我更加觉得自己太过不了解士人啊。"

高纠见逐

高纠侍奉晏婴很长时间，齐景公有一次问晏婴："我听说高纠与先生交游，我希望见见他。"

晏婴回答说："我听说，为了土地而发动战争的人，不可能成就帝王的功业；为了俸禄而做官的人，不可能匡正他的君主。高纠与我作为兄弟已经很久了，可是从来没有过问过我的行为，只不过是一个为了俸禄而当官的臣子，怎么能对君主有所帮助呢？"

后来晏婴把高纠辞退了。高纠问："我侍奉先生长达三年，没取得任何俸禄，到头来却被放逐了，究竟是什么缘故呢？"

晏婴说："晏婴的家风有三条，但你一条也没有具备。"

高纠问："能让我了解得详细一点吗？"

晏婴说："晏婴的家风是，私下相处安安逸逸却不肯交谈议论，就要疏远；在外不能互相使美德得到彰显，在内不能互相对行为进行切磋，就不结交；通晓国事而无所述说，并且对士人骄傲对智者轻慢的人，就不与他会聚。这三条就是晏婴的家风，但你实在没有具备其中的任何一条。况且晏婴又不是专门供给饮食的主子，所以要辞退你。"

晏婴居丧

晏婴

晏婴为父亲晏桓子守丧，穿着粗麻布做成的丧服，腰间系着麻带，手执丧杖，脚穿草鞋，每天以粥为食，居住在倚庐里，睡草席，用草做枕头。他的家臣说："这不是大夫丧父的礼仪。"

晏婴说："只有卿才是大夫。"他谦称自己不是大夫，所以为父守丧。

曾子将这件事告诉孔子，孔子说："晏婴可以说是远离祸害呀。不用自己的正确来驳斥别人的错误，而是用谦逊的言辞来避免别人的责备，真是有道义啊！"

崇尚节俭

晏婴入朝，乘着破旧的小车，驾着迟钝的劣马。齐景公见这个样子，对他说：「先生的俸禄少了吗？为什么乘坐这样令人不堪的车呢？」晏婴答道：「多赖主上的恩赐，我可以靠它们保养自己的三族，还有国内的游士们，也都赖以维持生计。微臣只要有暖和的衣服，饱腹的食物，即使是乘破车驾劣马，但能奉养自身，对微臣来说就很满足了。」

晏婴出宫后，齐景公派梁丘据给他送去辂车和四匹马，送去三次都被退回来，无论如何不接受。

化心莫若教

　　齐国人非常喜欢毂击，经常把互相驾车冲撞当成一种乐趣，屡禁不止。

　　晏婴深感这是一件坏事情，便购置了新车和良马，驾着出去与喜欢毂击的那些人相冲撞。然后对那些人说："车毂撞击过了车子就不吉利了，我大概是祭祀神灵不谨慎，平常对神灵不恭敬吧。"于是下了车，丢弃自己的新车扬长而去。这以后，都城里的人也不再以毂击为乐了。

　　所以说："用法规去禁止的事情，如果自身不能够率先做到，庶民百姓就止不住。要使人家的心志发生变化，没有比言教加上身教更灵的了。"

劝导柏常骞

　　齐景公在正室外兴建了一座高台，建成后又不肯登上去，柏常骞问他："主上为兴建高台追得相当紧，台建成了，主上为什么又不肯登上去了呢？"齐景公答道："有这回事。因为有猫头鹰在夜里叫唤，我对此厌恶到极点，所以不登上去。"柏常骞说："请让我上去祭祷，把这个怪东西去除掉。"齐景公就问他："要准备哪些物事？"柏常骞说："只要修一间新屋，在里面放置些白茅就行了。"

齐景公派人赶建新屋，建成后，又在屋里放置了白茅。柏常骞到夜里才去那里办事。第二天，他问齐景公道："今晚听到猫头鹰的声音了吗？"齐景公说："只叫了一声，就再也不曾听到了。"派人前去看情况，只见一只猫头鹰躺在台前阶上，张开着羽翼，伏地死去了。

齐景公说："你的道术居然如此高明，还能把寡人的寿数增加一些吗？"柏常骞答道："能。"齐景公问；"能增加多少？"回答是："天子九年，诸侯七年，大夫五年。"齐景公又问："你还有表现出增寿的征兆吗？"柏常骞说："获得增加的寿数以后，地将会动起来。"齐景公高兴得不得了，立即命令各方面的官员赶快置办柏常骞所要的东西。

柏常骞出宫，在路上遇到晏婴，便在马前拜见。见过礼，柏常骞就告诉晏婴说："我替主上禳除猫头鹰，把它杀掉了，主上就对我说：'你的道术如此高明，还能把寡人的寿数增加一些吗？'我回答：'能。'今天就要举行大祭，替主上请求上天增加他的寿数，所以我得快一点赶去，好向上天禀告。"

晏婴笑道："嗨呀！你真能替主上请求增加寿数哪！尽管如此，我却听说过，只有政绩和德行都顺应神灵的意思，才能增加寿数。而今仅靠祭祷，就能借以增加寿数吗？果真这样，那么，福佑的征兆总该表现出来吧？"柏常骞答道："获得增加的寿数以后，地将会动起来。"晏婴说："骞！夜里我观察到维星隐而不见，枢星散乱不明，这是将要地震的征兆，你所依据的就是这个现象吧？"柏常骞低下头沉默了一阵，然后才抬起头来答道："是这样的。"晏婴就对他说："这样做不会增加主上的寿数，不这样做也不会使主上减寿。你就少要些东西，不要继续耗费民力了，但也不必让主上了解事情的真相。"

 ## 新成柏寝

　　齐景公新建成柏寝台，叫乐师开在台上弹琴，乐师开左手奏宫调，右手弹商调，说："房子是偏西的。"齐景公说："你是怎么知道的？"乐师开说："东方的声音低沉，西方的声音高昂。"齐景公召见大匠问："建房子为什么要偏西？"大匠说："建房子是按建宫室的规矩建的。"于是又召见司空，问："建宫室为什么要偏西？"司空说："建宫室是按建都城的规矩建的。"

　　第二天，晏婴朝见齐景公，齐景公问："先君太公在封地营丘建都城，为什么要偏西？"

　　晏婴回答说："古时候建都城，南边可以望见斗宿，北边在北斗星之下，那时哪里有偏东偏西的呢！然而现在都城偏向西方，是因为周王朝建的都城，在齐国都城的西方，为了尊敬周天子啊。"

齐景公恭敬地说："真是古代的贤臣啊！"

 酒罚田无宇

齐景公饮酒，大夫田无宇陪侍。他望见晏婴来了，便向齐景公建议说："请罚晏婴饮酒。"齐景公问："什么缘故呀？"田无宇答道："晏婴穿着黑布衣服，套着麋鹿皮裘，乘着栈车，并且是驾着驽马来朝的，这实在是在故意隐匿主上的恩赏啊。"齐景公听了说："好吧。"

晏婴刚入座，斟酒的人便捧着酒觞进献给他，说道："主上命令罚你饮酒。"晏婴忙问："这是为什么呢？"田无宇插话道："主上恩赏给你卿相的重位来尊崇你的地位，宠赐给你上百万财宝来富贵你的家室，所有大臣的爵位都赶不上你那样尊荣，俸禄都赶不上你那样丰厚。可是你却穿着黑布衣服，套着麋鹿皮裘，乘着栈车，并且是驾着驽马来朝见，这不就是在故意隐匿主上的恩赏么，所以要罚你饮酒。"

晏婴避席问道："请问是让我先饮酒然后再辩白呢，还是先辩白然后再饮酒呢？"齐景公说："辩白以后再饮酒。"晏婴于是说道："主上恩赏给我卿相的重位来使我的地位尊荣，我并非是为了自身显赫而接受的，而是为了遵行主上的旨令；宠赐给我上百万财宝来使我的家室富贵，我并非是为了私家富足而接受的，而是为了传达主上的恩惠。我听说古往的贤臣，倘若自己受到丰厚的恩赏而不照顾他的邦族，就应当认为那是一种过失；倘若处理事情、掌守职责却承担不了使命，也应当认为那是一种过失。主上宫内的奴隶，及臣的父兄之辈，假使流离失散到了边远地方，这算是我的罪过。主上宫外的奴隶，及臣的属下官员，假使迁徙流亡到了四面八方，这算是我的罪过。武器甲杖要是备办得不充分，战车兵马要是备办得不完善，这也算是我的罪过。至于说到乘敝车、驾驽马来朝，个人以为算不上我的罪过吧？何况，臣凭借主上的恩赏，使得父系的亲族无人不是出行有车乘，母系的亲族无人感到衣食不足，妻系的亲族也没有人挨冻受饿，都城里闲散无职的士靠我接济而升火作炊的还有好几百家。做了这些事，究竟是在彰扬主上的恩赏呢，还是在隐匿主上的恩赏呢？"

齐景公说："辩得对！替我罚田无宇饮酒！"

劝以廉让

栾氏家族、高氏家族打算把田氏家族、鲍氏家族赶出齐国，田、鲍两个家族预先知道了他们的阴谋，便发兵先进攻他们。高强说："先劫持住国君，姓田的、姓鲍的还能往哪里去？"于是率军进攻公门。交战双方都邀请晏婴相助，晏婴没有答应参与其中的任何一方。他的随从问道："为什么不去协助田、鲍两家呢？"晏婴答道："他们有什么美好之处，值得我去协助他们呢？"随从又问："那为什么又不去协助栾、高两家呢？"晏婴答道："他们的功劳超过了田、鲍那两家吗？"公门打开后，齐景公召见晏婴才进去了。

栾、高两家失利后逃出了齐国，田无宇打算瓜分他们的家产，把这个心意告诉了晏婴。晏婴说："不能这样做！国君不能够整顿纲纪，以至于各个大臣独断专行，这就是导致祸乱的根本原因。而今你又打算瓜分他们的家产，享受他们的财宝，这是不合乎规矩的。你一定要把这些东西都交给公室才对！晏婴我听说过，廉洁，是为政的根本；辞让，是立德的根本。栾、高两家就是不懂得辞让，所以招来了现在的祸患。难道你能够不慎重对待这种事情吗？廉洁的作用就是公正，辞让的作用就是保德。大凡有血气的人，都会有争权争利之心，蓄积的私财多了就会引出祸患来，只有遵行义的原则才能长立不败之地。何况纷争者必定经不住那种祸患，辞让者必定不失去那种福分，所以你一定不要去获取这些东西。"田无宇说："好吧。"就把栾、高两家的家产全部交给了公室，自己还告老到剧城去居住。

足欲则亡

庆封作乱，逃亡国外后，齐景公把他的食邑分给大臣，分给晏婴邶殿边鄙的六十个邑，晏婴不接受。

子尾说："富足，是人人都希望得到的，为什么唯独您不想要呢？"

晏婴回答说："庆封的食邑能够满足他的欲望，所以他逃亡国外了。我的食邑不能满足我的欲望，把邶殿的食邑增加给我，就能满足我的欲望，欲望满足了，离逃亡国外也就没有多久了。逃亡国外，连原来已有的一个食邑也不能由我做主了，不接受邶殿，不是厌恶富足，而是害怕失去富足。再说富足，就像布帛有一定的门幅一样，为它规定一定的幅度，使它不随意改变。百姓都想生活丰厚，器物富饶，于是端正道德来约束他们，使他们不会丧失和轻慢道德，这叫为利益规定一定的幅度，利益超过幅度就会导致败亡，我不敢贪求多得，就是所说的利益有一定的幅度。"

晏婴

晏婴辞封

齐景公把平阴和棠邑给晏婴作食邑，贩卖货物的集市有十一社。晏婴辞谢说："您喜欢修建宫室，百姓的精力疲敝了；又喜欢娱乐游逸，爱好玩物，打扮宫内的嫔妃，百姓的财力枯竭了；又喜欢兴兵打仗，百姓接近死亡的边缘了。使百姓精力疲敝，使百姓财力枯竭，使百姓接近死亡的边缘，在下的百姓非常痛恨他们的君主！这是我之所以不敢接受的原因。"

齐景公说："您说的话固然是对的。尽管如此，难道您那么不想富贵吗？"

晏婴说："我听说作为臣子的，先考虑君主然后考虑自己，先使国家安定才能居家度日，使君主受到尊崇才能立身，怎么会不想富贵呢？"

齐景公说："既然这样，那么我用什么作先生的俸禄呢？"

晏婴回答说："君王放宽渔、盐的税收，关市只稽查但不征税。对种地的十成收获征收一成。减轻刑罚：如果是该判死罪的改判徒刑，如果是该判徒刑的改判处罚，如果是该判处罚的就免于处罚。如果实行这三项建议，就可当作是我的俸禄，也是君王的利益啊。"

齐景公说："这三项建议，我不会多加干涉，就依从先生的话去办吧。"齐景公实行了这三项建议以后，派人去询问大国，大国的国君说："齐国安定了。"派人去询问小国，小国的国君说："齐国不会侵凌我们了。"

以善为师

晏婴任齐国的相，三年时间，政治清平百姓和乐。一天梁丘据看见晏婴吃的是中等的膳食，肉不充足，就把这事告诉齐景公。

第二天，齐景公划分出土地要封给晏婴，晏婴辞谢不接受，说："富足但不骄侈的人，不曾听说过；贫穷但不怨恨的人，我就是了。之所以贫穷但不怨恨的原因，是把善行当作老师。现在封赏我，是改换我的老师。老师被看得太轻，封赏被看得太重，我请求辞去封赏。"

千虑一得

晏婴正在吃饭，齐景公的使者到了。晏婴把自己的饭食分出一部分给他吃。结果使者没有吃饱，晏婴也没有吃饱。使者回去后，把这一情况告诉了齐景公。

齐景公感叹道："嗨！晏婴的家里竟然贫困到这个地步了！寡人不了解情况，这是寡人的过失。"便派官吏送去千金和市租，让晏婴借以接待宾客。晏婴不肯接受。使者再三把这些东西送去，最后晏婴只好再拜辞谢说："我的家里并不贫困。靠着主上多年的封赏，恩德已经广被于三族，还扩大到朋友，并能用以赈济百姓，可以说主上的封赏很丰厚了！我的家里的确是不贫困的。我曾听说过，从国君那里获得很多东西，又拿来施给庶民百姓，就等于是代替国君君临民众，忠臣是不这样做的。从国君那里获得很多东西，倘若不拿来施给庶民百姓，就等于是把东西藏在筐箧当中，仁人是不这样做的。在朝为官时能从国君那里得到封赏，去职闲处时却得罪了士，自己死后所有财宝都要转移到别人手里，就等于是把东西藏在坟墓当中，智者是不这样做的。粗布衣裳，四升粗粮，足够使自己免除饥寒了。"

齐景公亲自对晏婴说道："以前我们的先君桓公，把五百个书社封赐给管仲，管仲毫不推辞就接受了，你现在为什么要拒不接受呢？"晏婴答道："我听说，智者千虑，必有一失；愚者千虑，必有一得。我私下以为，管仲的疏失处，说不定就是我的得当处呢？所以我要再拜谢恩，无论如何也不敢接受这些封赏。"

辞邑不受

晏婴当齐国的相，穿的是粗布衣裳，吃的是糙米、禽蛋和蔬菜。齐景公的左右侍从将此事告诉了齐景公，齐景公因此要封赏食邑给晏婴，派田无宇将台邑和无盐邑送给他。

晏婴回答说："从前我们的先君太公受封营丘，受封的土地方圆五百里，是诸侯国的首领。从太公一直传到您这一代，已经有十几位君主了。如果能取悦君主的人都能获得食邑，等不到君位传到您这一代，人们都会到齐国来求取土地，您连立足栖身的地方都没有了。我听说，臣子有德，就增加他的俸禄，臣子无德，就退还俸禄，哪里有不贤德的父亲为不贤德的儿子为取得封邑而败坏他们的君主的政事呢？"终于没有接受封邑。

田无宇很不解，问晏婴："君主高高兴兴地把食邑赐给您，您总是不肯接受，因而忤逆君主的意愿，这是为什么呢？"

晏婴回答说："我听说，从君主那里接受赏赐有节制的人，就能长期得到君主的宠信；居处俭朴的人，名声就会传扬在外。希望得到君主的宠信，名声能够传扬，这是君子所做的事情，我怎么能独自不这么做呢？"

他又说："现在我侍奉君王仅仅做到没有过错，子孙怎么应该接受赏赐呢？如果做了齐国大夫一定要给予赏邑，那么齐国君主拿什么来祭祀社稷并拿什么作为结交诸侯所需要的钱财和布帛呢？我请求辞谢封赏。"

他最终没有接受。

一言省刑

齐景公打算给晏婴改换住宅，对他说道："你的住宅太靠近市场，既低下狭小，又嘈杂肮脏，真是不能再这样居住下去，还是换到一个既明亮又干燥的地方去住吧。"晏婴不答应，说："主上的先臣一直居住在这里，微臣的德才不足以继承他们，还能住在这里已经很过分了。何况小人靠近市场住，早晚都容易得到他想要的东西，这也是小人的一种便利，怎么好为我一家而去烦劳众多邻里呢！"

齐景公笑着问道："你靠近市场住，了解什么东西价钱昂贵、什么东西价钱便宜吗？"晏婴答道："既然私下感到靠近市场是一种便利，怎么会不了解什么昂贵、什么便宜呢？"齐景公又追问道："到底是什么昂贵，什么便宜呢？"在那段时间，齐景公喜欢滥用刑罚，以至于有了靠卖假足（为受过刖刑的人制作的假脚）牟利的人。所以晏婴回答道："假足的价格昂贵，而鞋子的价格却相当便宜。"齐景公一听，不禁露出凄怆的样子，改变了神色。

因为这次对话，齐景公减少了苛酷的刑罚。

孔子评论道："君子说的话，其功效是何等的博大呀！晏婴只不过说了一句话，就促使齐景公减少了苛酷的刑罚。《诗》上说：'君子如祉，乱庶遄已。'大概就是指的这种情况吧。"

辞谢新宅

晏婴出使晋国，齐景公翻修晏婴的住宅，等到晏婴返回时，住宅已经修建成了。

晏婴拜谢了齐景公以后，就拆毁了新宅，用来修建邻里的居室，全都与原来一样，让原来的住户迁回来。晏婴说："谚语说：'不要选择住宅，唯有选择邻居。'你们已选择好邻居了，违背选择是不吉利的。君子不做不符合礼的事情，小人不做不吉利的事情，这是古时候定下的制度，我怎么敢违背它呢？"最终恢复了原来的住宅。

齐景公不准许，后来靠了陈无宇的请求，齐景公才同意了。

齐景公对晏婴说："我想早晚都能够与先生相见，打算为先生在宫内修建居室，可以吗？"

晏婴回答说："我听说，退隐而能够使名声显扬，受到君主的亲近而自己能有所敛抑，只有最贤圣的人才能做到。像我这样的人，整饬自己的仪容举止，等候接受君主的命令，还担心有过失。现在君王是想亲近我，实际上是疏远我了，我请求辞谢。"

不背老妻

齐景公有一个心爱的女儿，希望能嫁给晏婴，齐景公便以宴饮为名到晏婴家里去。饮酒饮到欢畅的时候，齐景公见到了晏婴的妻子，便问道："这个女人是你的内子吗？"

晏婴答道："对的，这就是内子。"

齐景公笑道："嘿嘿，真是又老又丑啊！寡人有一个女儿，又年轻又漂亮，请让她来充实先生的居室吧。"

晏婴起身离席，答道："而今她的确是又老又丑了，但我一向就是同她一起居住的，过去也曾看见过她又年轻又漂亮的模样。况且人们本来就是把少壮托付给了衰老，把漂亮托付给了丑陋，她就这样托付给我了，而我也已经接受过她的托付了。主上尽管有这样的恩赐，但能够用这种恩赐来使得晏婴背弃她的托付么？"说罢俯身再拜，坚决推辞掉了。

三返不受

晏婴入朝，乘着破旧的小车，驾着迟钝的劣马。齐景公见这个样子，对他说："嗨呀！先生的俸禄少了吗？为什么乘坐这样令人不堪的车呢？"晏婴答道："多赖主上的恩赐，我可以靠它们保养自己的三族，还有国内的游士们，也都赖以维持生计。微臣只要有暖和的衣服，饱腹的食物，即使是乘破车驾劣马，但能奉养自身，对微臣来说就很满足了。"

晏婴出宫后，齐景公派梁丘据给他送去辂车和四匹马，送去三次都被退转来，无论如何不接受。

齐景公很不痛快，立即召见晏婴。晏婴到来后，齐景公就说道："先生不接受辂车，寡人也不乘坐这种车子了。"晏婴回答他说："主上让臣统管所有的官吏，微臣对他们衣服饮食方面的给养都有所节制，要先于国内的庶民百姓而能做到节俭，尽管如此，臣仍然担心他们会奢侈浪费而不顾自己的行止。如果有了辂车，主上在上是乘坐的它，微臣在下也是乘坐的它，上上下下方方面面的人就会失去正当行为的准绳，因此而出现在衣服饮食方面攀比奢侈、不顾行止的人，我就没有办法禁止他们了。"于是仍然坚决辞让，没有接受。

晏婴当齐景公的相，吃的是糙米，烤三只飞鸟、五个蛋、蔬菜罢了。齐景公听到这种情况，到晏婴家饮酒，看晏婴的饭食后，齐景公说："啊！先生的家是如此贫穷啊！我却不知道，这是我的罪过啊。"

晏婴回答说："这是因为世间的食物还不充足啊。有糙米能够吃饱，这是士人第一愿望得到的事；有烤熟的飞鸟吃，这是士人第二愿望得到的事；有蛋吃，这是士人第三愿望得到的事，我没有超过别人双倍的品行，却有三种士人愿望得到的饭食，君王的赏赐已经很丰厚了！我的家不贫穷。"再次拜谢，推辞了齐景公的赏赐。

梁丘据对晏婴说："我就是到死也赶不上先生了！"

晏婴说："我听说，只要努力去做就常常能获得成功，只要坚持前行就常常能到达目的地。我并没有异人之处，只是不断去做不放弃，不断前行不停止，怎么会难以赶上呢？"

晏婴告老

晏婴当齐景公的相，告老的时候，要归还食邑。齐景公说："从我的先君丁公开始到现在，当官的人太多了，齐国的大夫中还没有告老时归还食邑的人。现在唯独先生要归还食邑，这是破坏国家原有的规定，这是抛弃我啊。不可以这样做！"

晏婴回答说："我听说古代侍奉君主的人，接受食邑与自己的才能

209

相符。德行淳厚就接受俸禄，德行微薄就归还俸禄。德行淳厚就接受俸禄，是为了彰明君主的英明；德行微薄就归还俸禄，可以使下边的人廉洁。我年老德薄没有能力，却接受丰厚的俸禄，这是掩盖君王的英明，玷污臣下廉洁的操行。不可以这样做！"

　　齐景公不答应，说："从前我的先君桓公，有管仲为齐国忧劳，管仲年老的时候，桓公把按例收取的市租赏赐给他，恩泽延及子孙。现在先生也当我的相，我也想把按例收取的市租赏赐给先生，并使恩泽延及子孙，难道不可以吗？"

　　晏婴回答说："从前管仲侍奉桓公，桓公的大义高于诸侯，使百姓普遍受到恩惠。现在我侍奉君王，齐国地位仅仅与其他诸侯相同，百姓那里积聚了很多的怨恨，我的罪过太多了，而君王还想赏赐我，难道我这个不贤德的父亲为了替不贤德的儿子接受丰厚的赏赐，而伤害国家和百姓的道义吗？况且德行微薄，俸禄却很丰厚，才智昏庸，家财却很富足，这是表彰污浊的行为，违背了圣人的教诲。不可以这样做。"

　　齐景公还是不答应。晏婴退出。他日晏婴入朝，齐景公又找准机会赠赐食邑，一直到晏婴接受了一车四马才了结此事。

凿楹纳书

晏婴病重，快要死了，他的妻子问他说："先生没有要说的话么？"

晏婴说："我担心死后家规改变，小心看顾好你的家，不要改变你家的家规。"

晏婴命人凿开厅堂的柱子将遗书放在里面，对他的妻子说："放在厅堂柱子里的遗言，等儿子长大后再给他看。"

等到儿子长大了，打开书信，上面写着："布帛不可以缺少，缺少了就没有衣服穿；牛马不可以缺少，缺少了就无法役使它们；士人不可以缺少，缺少了就没有人可以任用；国家不可以贫乏，贫乏了政令就无法推行。"

弦章辞鱼

晏婴去世后十七年，有一次齐景公召集各位大夫一道饮酒。宴饮过程中，齐景公起身射箭，当左右拿过箭靶来检查的时候，堂上响起一片喝彩声，那声音好像是从同一张嘴里发出来的一样。齐景公当即变了脸色，长叹一声，把弓和矢全都抛在地上。

弦章来到后，齐景公对他说："章！自从晏婴去世后，我就再也没有听到过谁说我什么事做得不好了！"弦章回答道"君主喜欢穿什么，臣下就会给他穿什么；君主嗜好吃什么，臣下就会给他吃什么。这就好比尺蠖吃了黄色的东西就变黄，吃了青色的东西就变青一样。"齐景公领悟道："对！我不能把谄谀逢迎之徒的话当做好东西吃了。"当即拿出五十车鱼赏给弦章。

弦章回府的路上，装鱼的车子把道路都堵塞住了，他抚着他的御夫的手，感慨道："从前晏婴总是辞谢给他的赏赐，借以匡正自己的君主，所以君主有了过失晏婴从不替他遮掩。而今各位大臣却用谄谀逢迎来换取利禄，我如果接受了鱼，这就是违背了晏婴的高义，和那些谄谀逢迎之徒有什么两样？"于是他坚决地退还了这五十车鱼，没有接受赏赐。

孔子评论道："弦章这样廉洁奉公，真是晏婴留传下来的好品德呀！"

晏婴

第九章

虚怀若谷

晏婴为父亲晏桓子守丧，穿着粗麻布做成的丧服，腰间系着麻带，手执丧杖，脚穿草鞋，每天以粥为食，居住在倚庐里，睡草席，用草做枕头。他的家臣说："这不是大夫丧父的礼仪。"

晏婴说："只有卿才是大夫。"他谦称自己不是大夫，所以为父守丧。

曾子将这件事告诉孔子，孔子说："晏婴可以说是远离祸害呀。不用自己的正确来驳斥别人的错误，而是用谦逊的言辞来避免别人的责备，真是有道义啊！"

晏婴生性乐观，对生死淡然视之。他说人都是要死的，不论仁者、贤者、贪者、不肖者概莫例外，因此从来不患死、不哀死，把生老病死看作是自然规律，他始终保持从容通达的心境。

礼不可去

　　齐景公一连喝了几天的酒，喝得很高兴，他脱掉衣服摘下帽子，亲自敲击缶，并对左右的侍臣说："仁人也喜欢这样取乐吗？"梁丘据回答说："仁人的耳朵眼睛，也和常人一样，为什么唯独他们不喜欢这样呢？"齐景公说："快驾车去把晏婴接来。"

　　晏婴穿着朝服来了，接过酒杯，拜了又拜。齐景公说："我非常喜欢这样的快乐，想与先生共同享受，请不要拘于礼仪。"

　　晏婴回答说："君主的话错了！群臣如果都想免去礼仪来侍奉君王，恐怕君主就不想这样做了。现在齐国五尺高的儿童，力气都超过我，又能胜过君主，然而不敢作乱的原因，是畏惧礼仪呀。君主如果不讲礼仪，就不能驾驭臣下；臣下如果没有礼仪，就不能侍奉君主。唯独麋鹿是没有礼仪的，所以父子共同占有一只母鹿。人之所以比禽兽高贵，是因为有礼仪啊。我听说，君主如果没有礼仪，就无法统治他的国家；大夫如果没有礼仪，下面的官吏就不会恭敬；父子之间如果没有礼仪，他们的家庭一定会有祸殃；兄弟之间如果没有礼仪，就不能长期相处。《诗经》中说：'人如果没有礼仪，为什么不赶快去死。'所以礼仪是不能丢掉的。"

齐景公说："我不聪敏，没有善行，左右的侍臣迷惑我，以至于到了这种地步，请把他们杀掉。"

晏婴说："左右的侍臣有什么罪？君主如果没有礼仪，那么爱好礼仪的人就会离开，不讲礼仪的人就会到来；君主如果讲礼仪，那么讲礼仪的人就会到来，不讲礼仪的人就会离去。"

齐景公说："说得好。请让我换换衣冠，再来接受您的教诲。"晏婴回避走开，站立在门外。齐景公下令洒水扫除更换坐席，召晏婴进来，穿戴好衣冠迎接他。晏婴进门，推让三次，登上台阶上堂，用了三献的礼仪。晏婴喝了酒，尝了膳食，再次拜谢，称说吃饱了，而后离去，齐景公离开座位和他拜别，送他到门口，返回后，命令撤去酒席，停止奏乐，说："我以此来彰显晏婴对我的教诲。"

禳除彗星

齐景公在泰山上摆设酒宴，酒喝得正畅快的时候，齐景公向四面眺望齐国的土地，深深叹息，流下了几行眼泪，说："我将会离开这堂堂大国而死去吗？"身边的侍臣有三个人陪着齐景公悲哀哭泣，说："我们地位低微的人，尚且不愿意死去，何况君主呢！丢下这样的国家死去，谁愿意呢？"

晏婴独自拍着大腿，仰天大笑说："今天喝酒喝得真快乐啊！"

齐景公变脸，愤怒地说："我有悲哀，你却独自大笑，这是为什么？"

晏婴回答说："我今天见到了一个怯懦的君主，三个阿谀奉承的侍臣，所以大笑。"

齐景公说："什么叫阿谀奉承和怯懦？"

晏婴回答说："自古人就有死，可以使后世贤德的人得以休息，让不贤德的人得以藏伏。如果让古时当君王的人长生不死，过去我们的先君太公至今还健在，君王又怎么能享有齐国并为此悲哀呢？大凡事物有盛就有衰，有生就有死，这是自然的定数。万物必然有它的终极，事物有它的规律，这是千古不变的道理，有什么值得悲哀的呢？人到了老年还为会死亡而悲哀，是怯懦；左右的人跟着悲哀，是阿谀奉承。怯懦和阿谀奉承的人聚集在一起，所以我发笑。"

齐景公感到惭愧而改口说："我并不是为了会丢下国家死去而悲哀。我听说，彗星出现，它所朝向的国家，国君要承当它带来的灾难。现在彗星出现，朝向我国，我因此悲哀。"

晏婴说："君王的行为举止邪僻不正，对国家没有德义，开凿池塘，就想挖得又深又宽；修建楼台亭榭，就想修得又高又大；征收赋税就像掠夺一样，诛戮百姓就像杀死仇敌一样。由此看来，孛星（一种彗星）又将要出现。天象的变异，彗星的出现，有什么值得悲哀的呢？"

于是齐景公畏惧了，就回都城，填塞了池塘，废弃了楼台亭榭，减轻赋税，放宽刑罚，三十七天后彗星消失了。

齐景公喝酒喝得十分快乐，他说："要是自古以来人不会死，那是何等的快乐呢？"

晏婴说："要是自古以来人不会死，那就是古代人的快乐了，君王又怎么能够享受得到呢？从前爽鸠氏最早居住在这块土地上，接着是季则，再接着是逢伯陵，再接着是蒲姑氏，然后才是齐国先君太公。要是自古以来人不会死，爽鸠氏的快乐，就不是君王所能希望的了。"

对齐国出现彗星这件事，齐景公命祝史去祈祷消除。晏婴进谏说："这是没有用的，只能骗骗自己。天道是不容怀疑的，上天也不会改变它的旨意，怎么可以祈祷祛除它呢！况且上天出现彗星，是为了扫除污秽。君王如果没有污秽的德行，又何必祈祷祛除它呢？如果德行污秽，祈祷又能减少什么呢？《诗经》中说：'就是这个周文王，小心谨慎很善良，明白怎样侍上帝，招来幸福无限量。他的德行真不坏，各国归附民所望。'君王如果没有违背道德的行为，四方的邦国都将会来归附，还怕什么彗星呢？《诗经》中说：'我所引为借鉴的，就是夏桀与商纣，因为失德而大乱，百姓终于流亡。'如果德行邪僻昏乱，百姓将会流亡，祝史的祈祷，也不能补救。"齐景公听了深以为是，就停止了祈祷祛除彗星的事。

辨和与同

齐景公从打猎的地方归来，晏婴在遄台陪侍他，梁丘据也赶来拜见他。

齐景公说："只有梁丘据才与我是和的吧？"

晏婴说："梁丘据只能算是同，怎么能称得上和呢？"

齐景公问："和与同有什么区别吗？"

晏婴回答道："有区别。和好比羹汤，要用水、火、醋、酱、盐、梅去烹煮鱼、肉，要用柴烧火才能煮熟。厨子去调和它，总是要用多种味道加以调治，增加不足的成分，减少过头的成分。君子吃了这样的羹汤，就能使他的心境保持平和。君臣之间也是这个样子。君主认为适宜的事但其中又有不相宜因素的，臣子就要指出其中不相宜的因素来，从而使君主做好那种适宜的事。君主认为不能做的事但其中又有该做的成分的，臣子就要指出其中该做的成分，从而使君主只是免除那些不该做的事。这样就可以使得政事平和而无所干犯，庶民百姓也不会产生争斗之心。所以在《诗》里有这样的话：'亦有和羹，既戒且平，奏假无言，时靡有争。'先代君王们增益五味，调和五声，就是为了使自己心境平和，使自己政事有成。声也同味是相似的，要靠一气、二体、三

218

类、四物、五声、六律、七音、八风、九歌彼此谐调成为和乐，要用清与浊、小与大、短与长、疾与徐、哀与乐、刚与柔、迟与速、高与低、出与入、密与疏互相配合成为和音，君子听了这样的乐音，就能使他的心境保持平和，心境平和了道德也平和。所以《诗》里写道：'德音不瑕。'但梁丘据却不是这个样子的。主上认为应该做的事，梁丘据也说应该做。主上认为不应该做的事，梁丘据也说不应该做。这就好比是用水来增加到水里面，谁还能吃得下这种羹汤呢？如果琴和瑟始终只弹奏出单一的音调，谁还能听得进这种乐音呢？同的不可取，大体上就像我以上所说的这样两种情况。"

齐景公说："有道理。"

谏诛祝史

齐景公长了疥疮后又患了疟疾，整整一年没有痊愈。有很多诸侯派来探病的人还在齐国。梁丘据、裔款对齐景公说："我们侍奉鬼神，祭品比先君时候更加丰盛。现在君王患病，引起诸侯的忧虑，这是祝史的罪过。诸侯不知实情，可能会说我们对鬼神不恭敬。君主为什么不杀了祝官、史官来辞谢探病的宾客呢。"

齐景公认为很对，将此事告诉晏婴。晏婴回答说："从前在宋国盟会的时候，屈建向赵武询问范会的德行如何，赵武说：'先生他家族中的事处理得很好，在晋国说话，可以尽情而无所隐瞒。他的祝史祭祀，向鬼神陈述实情心中不惭愧；他家族中没有什么可以怀疑的事，所以他的祝史用不着为他祈福。'屈建将这些话告诉楚康王，楚康王说：'鬼神与百姓都没有怨恨，先生他荣耀地辅佐五位君主，使他们成为诸侯的盟主是很自然的事。'"

齐景公说："梁丘据与裔款说我能敬事鬼神，错在祝史，所以想杀掉他们，您说这些话，又是什么意思？"

晏婴回答说："如果是有德行的君主，朝廷内外的事情都不会荒废，神人上下都不会有怨恨，一举一动都不违背天意人心，他的祝官、史官向鬼神陈述真实情况，就没有惭愧之心了。因此鬼神享用祭品，国家受到鬼神的福佑，祝官、史官也同样得到幸福。他们之所以子孙繁多有福，健康长寿，是因为他们是诚实的君主的使者，他们的话对鬼神忠诚信实。如果他们恰巧遇到的是荒淫无度的君主，宫内宫外偏颇邪恶，上下相互怨恨，做事邪僻背理，放纵欲望满足私心，把台榭修得很高，把池塘挖得很深，敲击钟鼓等乐器，让美女舞蹈取乐，耗尽百姓的精力，掠夺百姓的积蓄，来铸成自己的过错，不为后世子孙着想。暴虐淫乱，肆无忌惮地做不符合法度的事，丝毫没有顾忌，从来不想百姓的怨恨，也不惧怕鬼神降祸，弄得神灵发怒，百姓痛恨，还毫无悔改之心。

他的祝官、史官如果向鬼神陈述真实情况，这就是说君主的过错；如果他们掩盖过失而数说美德，这就是矫诈欺骗。真的假的都不能陈述，那就只好用空话向鬼神讨好。因此鬼神不享用他们的祭品，国家因而遭到祸殃，祝官、史官也一同遭殃。他们之所以子孙夭折、昏昧、孤寡、患病，是因为他们是暴虐的君主的使者，他们的话欺骗轻侮了鬼神。"

齐景公说："既然这样，那么应该怎么办呢？"

晏婴回答说："不可以杀祝官和史官。山林中的树木，派衡鹿看守它；湖泽中的芦苇，派舟鲛看守它；荒野中的柴草，派虞候看守它；大海中的盐蛤，派祈望看守它。边远地方的人，到国都来服役；靠近国都的关卡，横征暴敛百姓的私财；世袭的大夫，强取百姓的钱财；公布的政令没有准则，征收税赋没有节制；宫室天天改建，荒淫作乐片刻不离；宫内的宠妾在市场上放肆地掠夺，外边的宠臣在边远的地方假传命令，横行霸道；私欲膨胀，所求极多，如果不能供给，就予以虐待。百姓痛苦至极，各家夫妇都同声诅咒。如果祝祷有用的话，那么诅咒也应能招致祸害。聊地、摄地以东，姑水、尤水以西，诅咒的人太多了！即使祝官、史官善于祝祷，怎么能胜过亿万百姓的诅咒呢！君王如果想要杀祝官、史官，也应当先修养德行，然后才可以去实施。"

齐景公认为很对，让有关官吏放宽政令，毁掉关卡，解除禁令，减轻税赋，免除债务，齐景公的病很快就好了。

自惭无德

晏婴

齐景公的赏赐遍及后宫的人，楼台亭榭上披盖着锦绣，用豆类和谷子喂养鸭鹅。齐景公外出，看见了饿死的人，问晏婴说："这个人是为什么死的？"

晏婴回答说："这人是饿死的。"

齐景公说："唉！我无德到了极点了。"

晏婴回答说："君主的恩德显著而昭彰，怎么能说没有恩德呢？"

齐景公说："这话是什么意思呢？"

晏婴回答说："君主的恩德遍及后宫的人与宫中的楼台亭榭，君主的玩物，都披上了锦绣；君王的鸭鹅，用粮食喂养；君主经营宫室，不仅自己享乐，还扩展到后宫的人，怎么能说没有恩德？只是我希望向君主请求：从君主爱后宫的心意，自己追求享乐的想法，推广到与百姓共同享受，那么哪里还会有饿死的人！君主不把爱后宫之心推广到百姓，却只顾经营宫室，喜欢独自享乐，使钱财货物只积聚在自己这里，钱粮与布帛都烂在仓库里，不能普遍地给予百姓恩惠，公正之心不能遍及各诸侯国，这就是夏桀、商纣之所以灭亡的原因。士人和百姓之所以叛离，就是由于君主偏私的缘故。君主如果能体察我所说的话，推广您的大德，公开地施予天下百姓，就可以成为成汤、周武这样的圣君了。一个饿死的人有什么值得怜恤的呢！"

欲诛断树者

齐景公登上青堂远望，看见有人砍断了雍门的楸树，齐景公命令官吏把那个人抓起来，回头对晏婴说赶快杀了他。晏婴沉默不回答。齐景公说："雍门的楸树，是我非常喜爱的树，刚才我看见有人砍断了它，所以叫先生杀了那个砍树的人，您沉默不答话，这是为什么呢？"

晏婴回答说："我听说，古代的君主出门，十里之外就让人开道。这不是害怕什么；冠冕前后垂有玉串，是不想看到太多的事情；耳朵用丝绵帽带塞住，是不想听到太多的事情；束衣的大带重半斤，脚下的鞋重一斤，不想使身体太轻，随意行动。判处死刑的罪犯，在市朝等候处决，君主经过市朝看见，就会赦免他。我从未听说过当君主的亲自判百姓的罪的。"

齐景公说："赦免了那个人吧，不要让先生再说了。"

田氏之忧

晏婴

齐景公坐在路寝台，说："这些宫室真美啊！以后谁将得到它呢？"

晏婴回答说："大概是田氏吧！田无宇正在除害利民呢。"

齐景公说："既然这样，那么应该怎么办呢？"

晏婴回答说："做好事，是君王所鼓励的，怎么可以禁止呢！田氏就好比是看守国门敲梆打更的人家，父亲传给儿子，哥哥传给弟弟，到现在已经三代了。他家山上的树木运到集市上，价格不比山上贵；鱼盐蚌蛤运到集市上，价格不比海边贵。百姓的财物因此都归聚他家。今年年成不好，即使蒿茅的收成也不到往年的一半，道路上有饿死的人。齐国旧有的量器四升为一豆，四豆为一区，四区为一釜，十釜为一钟。而田氏各加一量。他用自家的大量器借贷出去，用公家的量器收进来，就是用这样的方法买进粮食，百姓中将要饿死的都得到了他的恩泽。现在公室大夫骄横奢侈，而田氏却仁爱慈惠，齐国不归他将归谁呢？田氏虽然没有大德，却能施惠于百姓。君王赋敛繁重，而田氏却施惠很多。《诗经》中说：'虽然没有恩德施于你，也应该为我快乐地唱歌跳舞。'田氏施惠百姓，让百姓快乐地为他唱歌跳舞，齐国归于田氏，不也是很自然的吗？"

盆成适葬母

齐景公住在路寝台的宫室里，半夜，听到西面方向有男人的哭声，齐景公为此感到很悲伤。第二天上朝的时候，齐景公问晏婴说："我昨夜听到西方有男人的哭声，哭声很哀伤，声气很悲惨，这个人是干什么的呢？我很哀怜他。"

晏婴回答说："那是独自居住在城西的平民盆成适。他是父亲的孝顺儿子，哥哥的恭顺弟弟，又曾经当过孔子的学生。现在他的母亲不幸死了，灵柩没有跟他父亲合葬，家境贫寒，自己年老，孩子幼弱，担心自己没有能力使父母合葬，所以才悲伤。"

齐景公说："您替我去吊唁，顺便问问他父亲的灵柩葬在什么地方？"

晏婴奉命前往盆成适家吊唁，并且询问他父亲的灵柩埋葬的地方。盆成适再三拜谢，叩头到地不起身，说："父亲的灵柩埋葬路寝宫的地下，他得以在地下给君主当臣子，手捧简册拿着笔，在宫殿中右边的台阶下供事服役，我希望在某一天送母亲的灵柩进去合葬，不知道君主的旨意如何。我贫穷困顿，无法可想，急得唇干舌燥，心中焦躁烦闷，现在您不怕有辱身份来到我家，恳望您想想办法。"

晏婴说："是。将父母合葬是人之常情，就是怕君王不同意呀。"

盆成适猛然站起身来说："这事全靠您了！况且我听说过，越王勾践好勇，他的百姓就不怕死；楚灵王喜欢细腰的人，他的朝中常有人饿死。伍子胥忠于他的君主，所以天下的君主都希望他作为自己的臣子；孝顺自己的父母，所以天下人都希望他作为自己的儿子。现在作为人的儿子，作为君主的臣子，却使自己的亲人离散，孝顺吗？能够当臣子吗？如果这次父母能合葬，就是使我能活下去，使死去的母亲得到安息了；如果这次父母不能合葬，那么我就请求拉着装载尸体的车子把灵柩安放在国都城门外的屋檐下，自己不吃不喝，抱着车辕，拉着车前的横木，像木头一样干枯让鸟栖息在上面，露身暴骨，以此来希望君王怜悯。我虽然愚蠢，想来英明的君主一定会哀怜我，不忍心让我这样。"

晏婴入朝，向齐景公禀报，齐景公气得变了脸色，愤怒地说："您何必在乎这些话，还来告诉我呢？"

晏婴回答说："我听说过，忠于君主的人不避危难，热爱君主的人不忌讳说不好听的话。况且我本来也认为这事难办呀。现在君王您在别人的墓地上营建宫室作为游乐观赏的场所，已经抢夺了人家的所有，又不许别人合葬，这是不仁；随心所欲，不听劝谏，不体恤百姓的忧伤，这是不义。您为什么不愿听呢？"于是转述了盆成适的话。

齐景公长长地叹息说："真悲哀啊！您不要再说了。"于是就准备下男子袒免、女子露髻的人有数百个，并特为开了一扇让灵柩进入的门，来迎接盆成适。盆成适脱掉丧服，头戴有丝带的帽子，穿上有黑边的衣服，前来晋见齐景公。

齐景公说："我听说过，儿子不好，再多也不能使家里的一个角落生辉；好的儿子，一个就可以誉满朝堂。不就是您吗！"盆成适在料理合葬的事的时候不敢哭，按照礼仪合葬完毕，出了宫门，然后才放声大哭。

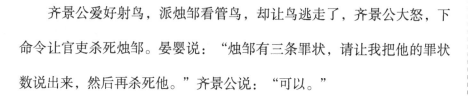

烛邹守鸟

齐景公爱好射鸟，派烛邹看管鸟，却让鸟逃走了，齐景公大怒，下命令让官吏杀死烛邹。晏婴说："烛邹有三条罪状，请让我把他的罪状数说出来，然后再杀死他。"齐景公说："可以。"

于是把烛邹召来，在齐景公面前数说他的罪状，晏婴说："烛邹！你为我们的君主看管鸟，却让鸟逃走了，这是你的第一条罪状；使我们的君主因为鸟的缘故而杀人，这是你的第二条罪状；让诸侯听到这件事，认为我们的君主重视飞鸟而轻视士人，这是你的第三条罪状。"晏婴数说完烛邹的罪状后，请求杀了他。齐景公说："不要杀他了，我接受您的教诲了。"

佞谗难除

晏婴

　　齐景公问晏婴说："治理国家也有长期存在的祸患吗？"

　　晏婴回答说："奸邪的人和善进谗言的人在君主的身边，他们喜欢中伤贤良的臣子，品行与小人一样，这就是国家长期存在的祸患。"

　　齐景公说："善进谗言和奸邪的人，那的确是不好的。尽管如此，他们怎么会成为国家长期存在的祸患呢？"

　　晏婴说："君主把他们当作耳目又喜欢和他们谋事，这样君主的视听就产生偏差了。他们在上淆乱君主的视听，在下使群臣都无法行使他们的职责，难道还不确实值得忧患吗！"

　　齐景公说："原来是这样啊！我将清除他们。"

　　晏婴说："君主不可能清除他们。"

　　齐景公气得变了脸色，不高兴地说："先生为什么如此小看我！"

　　晏婴回答说："我怎么敢自大呢！那些能够使自己与君主亲近的人，才能都不一般。他们内心隐藏着大的不忠诚，而在外表上一定会小心地显示出小的忠诚，以此来实现他们的大的不忠诚。这些人在朝内就探求君主的嗜好，处处顺从君主的心意，君主怨恨贤良的臣子的时候，他们就会把贤良的臣子以往的过失都列举出来，加深君主的怨恨；在朝外假借君主的威严，夺取财富。这些人与君主如此亲密，怎么会不为大的利益改变操行，而一心与君主行义呢？这种人是很难认识的。"

齐景公说："既然这样，那么先前的圣人是怎么对付的呢？"

晏婴回答说："先前的圣人治理国家，会见宾客很慎重，处理政事决不滞留，群臣都能够竭尽他们的忠诚，谗谀小人哪里还能包藏私心呢！"

齐景公说："既然这样，那么先生就帮助我杜绝这些人，我也不用这些人办事了。"

晏婴回答说："善进谗言和奸邪的人在君主身边，就像神社里有老鼠一样，谚语有这样的话：'神社里的老鼠不能用烟火熏走。'善进谗言和奸邪的人，隐伏在君主的威之下来保护自己，这就是很难清除的原因。"

践齐者谁

齐景公与晏婴站立在曲潢池旁，眺望齐国的土地，问晏婴说："后世谁将占有齐国呢？"

晏婴回答说："这不是我所敢议论的事。"

齐景公说："何必这样呢？得到国家就不会失去，那么虞舜、夏禹就永远存在了。"

晏婴回答说："我听说，能够见微知著，这是聪明；先作出判断而后事情与之相符，这是智慧。聪明与智慧，是君子的事情，我怎么能够知道谁将占有齐国呢！尽管如此，我希望陈述治国的道理：君主强大臣子弱小，这是政事的根本；君主倡导臣子附和，这样才教化兴隆；刑罚的权柄掌握在君主手中，这是治理百姓的纲纪。现在田无宇家族两代人对齐国有功，集聚的财物能分给孤寡贫乏的人，兼有公室的利益，专擅国家的权柄，君主的权力移让给臣子了，公室能不衰弱吗！我听说过，臣子富有，君主就会灭亡，由此看来，大概在田无宇之后不久，齐国就会成为田氏的国家了！我老了不能再侍候君主办事了。君主如果去世，政权就不会属于君主的家族了。"

齐景公说："既然这样，那么应该怎么办呢？"

晏婴回答说："唯有礼才可以制止这种情况发生。根据礼制，大夫施惠不能扩大到全国范围，百姓不懈怠，财货的价格平稳，百工和商人不改变常业，士人不失职，官吏不怠慢，大夫不侵占公家的利益。"

齐景公说："说得好。我现在知道礼可以治理国家了。"

晏婴回答说："礼可以治理国家由来已久了，它与天地同时存在。君主端正臣子忠诚，父亲慈祥儿子孝顺，兄长友爱弟弟恭敬，丈夫和蔼妻子温柔，婆婆仁慈媳妇顺从，这是礼的常道。君主端正不背理，臣子忠诚没有二心，父亲慈祥而能训教，儿子孝顺而受规劝，兄长爱护弟弟并和弟弟友好相处，弟弟尊敬顺从兄长，丈夫和蔼讲道义，妻子温柔而贞节，婆婆仁慈不专断，媳妇顺从而温婉，这是礼的实质。"

齐景公说："说得好啊！我今天才知道礼的尊崇了。"

晏婴说："礼，是先王所用来治理天下、教化百姓的，所以尊崇它。"

 出使吴国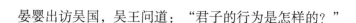

晏婴出访吴国，吴王问道："君子的行为是怎样的？"

晏婴回答说："君主遵循天道就归向他，政事治理得好就归附他，不留恋残暴君主的俸禄，不在混乱的国家做官，君子看见衰亡的征兆就引退，不与混乱的国家一起灭亡，不和残暴的君主一起逃亡。"

吴王对他说："我居住在偏远落后的地方，很少受到有关君子的品行的教诲，请私下谈谈不要怪罪。"晏婴不安地离开座位。

吴王说："我听说齐国的国君又暴虐又傲慢，粗野残忍，先生却能容忍他们，这也太过分了吧！"

晏婴迟疑不决地回答说："我听说，精细的事不懂，粗笨的事又不会做的人，一定劳苦；大事做不来，小事又不愿做的人，一定贫穷；大而言之不能招致人才，为己所用，小而言之又不能傍人门下，为人所用的人，一定困窘。这就是我之所以做官的原因。像我这样的人，哪里是能用道义来养活人的呢！"

晏婴出去以后，吴王笑着说："哎呀！今天我讥嘲晏婴，就像裸体的人责备敞开衣服的人不恭敬一样了。"

忠上惠下

齐景公问太卜说："你的道术有什么能耐？"太卜回答说："我能使地震动。"齐景公召见晏婴并告诉他，说："我问太卜说：'你的道术有什么能耐？'他回答说：'能使地震动。'可以使地震动吗？"晏婴默不作声。

晏婴出来后，见到太卜说："夜里我看见钩星出现在房宿和心宿之间，地大概要震动了吧？"太卜说："是。"晏婴说："我说出去，担心您会因此而被处死；我默不作声，又担心君主受到你的迷惑。您自己如实说，这样君王可以不受迷惑，您也可以免于被处死了。忠于君主，难道一定要伤害他人吗！"

晏婴出去以后，太卜跑进宫中拜见齐景公，说："不是我能使地震动，而是地本来就要发生震动。"

陈子阳听到这件事后，说："晏婴默不作声，是不想让太卜被处死；自己前去见太卜，是担心君主会受到迷惑。晏婴真是个仁人啊，可称得上对君主忠诚，对下属慈惠了。"

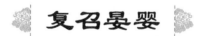

复召晏婴

晏婴当齐景公的相，他选择人，看到贤能的人就加以提拔，不与君主所想的苟同；看见不善的人就罢免，即使是君主宠爱的人也不回避。他自己的行为没有私心，对君主直言劝谏毫无忌讳。有人上书给齐景公说："罢免与提拔人不与君主协调，这就叫作专断；在君主面前说话毫无忌讳，这就叫作轻慢。臣子有专断轻慢的行为，那么君臣之间的伦理就不存在了，我真不知道晏婴怎么能算是个忠臣。"齐景公认为说得很对。

晏婴入朝，齐景公言辞和脸色很不高兴，所以晏婴回家以后，就准备好车马，派人向齐景公告辞说："我确实年老糊涂没有能力，不敢再担当壮年人所担当的职务。"于是辞官，不再做齐景公的臣子，引退后居住乡间，在东海边耕田种地，院子里长满杂草，门外长满荆棘。七年之间，燕国、鲁国相互争斗，百姓恐慌不安，而家中一贫如洗；齐景公亲自治理国家，不再受到诸侯的尊重，王室的势力弱于高氏、国氏等卿族。齐景公很害怕，又把晏婴召回来。

晏婴回来后，齐景公把七年的俸禄一次归还给他，晏婴全部分给贫穷的人而家中不留一点点。高氏、国氏都服从他的政令，燕国、鲁国又向齐国纳贡，小国按时来朝拜。晏婴死后齐国就衰落了。

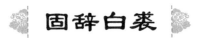

固辞白裘

晏婴

齐景公赐给晏婴一件用白狐皮制成的皮衣，衣襟上装饰着黑色豹皮，价值千金，派梁丘据送给晏婴，晏婴辞谢不接受，往返多次。齐景公说："我有两件这样的皮衣，打算穿上它，现在先生不接受，我也不敢穿了。与其把它收藏起来，倒不如穿在身上把它穿坏呢？"

晏婴说："君王给我赏赐，使我主持百官的政事，您作为君上穿上这样的皮衣，我作为臣下也穿上这样的皮衣，就不能去教导臣民了。"坚决辞谢，不肯接受。

晏婴俭朴，穿着布衣和粗皮衣上朝。齐景公说："先生的家，是如此贫穷啊，怎么穿得这么差呢！我不知道，这是我的罪过了。"

晏婴说："我听说，先看看别人是怎样的，然后再穿衣吃饭的人，就不会贪图衣着食物使自己有过失；先看看别人是怎样的，然后才行动的人，就不会有邪僻的行为使自己受到伤害。我不贤德，我的家族中的人又不如我，等待我的接济来祭祀祖先的有五百家，我还能穿着布衣和粗皮衣上朝，对我来说，不是已经穿得很好了吗！"于是拜了两拜而推辞了。

行补三君

孔子说："齐灵公污秽，晏婴用整洁来侍奉他；齐庄公恃勇，晏婴用符合礼义的威武来侍奉他；齐景公奢侈，晏婴用俭朴来侍奉他。晏婴真是个君子啊！不过当了三位君主的相，而好的政教不能下达于百姓，晏婴是个见识短浅的人啊。"

晏婴听到这些话后，就去会见孔子，说："我听说您对我有规劝的话，所以前来拜见。像我这样的人，哪里能用道义养活人呢！我的宗族中等待我的接济去祭祀祖先的有几百家，齐国没有被任用的士人等待我的接济才能生火做饭的也有几百家，我为了这个才做官的。像我这样的人，怎么能用道义养活人呢！"

晏婴出门，孔子用迎送宾客的礼仪送他，再次拜谢晏婴的屈尊光临。孔子返回后，告诉学生们说："晏婴拯救百姓的生命而不自我夸耀，他的行为补益了三位君主而不自以为有功劳，晏婴果真是个君子啊。"

第十章

晏婴评孔子

鲁国的孔子曾到齐国晋见齐景公，齐景公想赐给孔子封地，征询晏婴的意见。晏婴立即表示反对，说：「孔子盛容饰，繁登降之礼、趋详之节，累世不能殚其学，当年不能究其礼。君欲用之以移齐俗，非所以先细民也。」最终使齐景公改变了想法，「厚其礼而留其封，敬见不问其道」。在这里，晏婴之所以不同意重用孔子，是因为他从实际出发，认为孔子的政治主张不适用于齐国。

敬孔子而远之

孔子像

孔子到了齐国，觐见齐景公，齐景公很喜欢他，想把尔稽这块邑地封赏给他，齐景公将自己的想法告诉晏婴，晏婴回答说：

"不可以这么做。此人态度傲慢，自以为是，不能教导百姓；喜欢音乐，对百姓太过宽松，不能让他亲自治理百姓；讲求顺从天命，厌倦尽人事，不能让他担任官职；主张厚葬，耗费民财，使国家贫困，主张长时间守丧，哀痛不止，旷日费时，不能让他来管理百姓。大凡行事难在内心，而儒者只注重外表的华美，所以使服装式样与众不同，尽力修饰仪容，不能引导民众教化百姓。自从圣贤谢世，周王室日渐衰微后，行事烦琐仪式日趋繁多，而百姓的行为却越加浇薄；音乐日益繁多，处处可闻，但是世人的道德却逐渐败坏。现在孔丘把音乐搞得很隆盛，因而使世风侈靡，把礼乐舞蹈搞得华而不实，以此来聚集生徒，把上下、尊卑、进退的礼仪搞得很繁琐，以此来显示礼节，把走路的姿态搞得很复杂，以此吸引民众来观看。他们学问渊博，但是不能被世人效法，思虑劳苦却不能对百姓有所补益，即使寿命延长一倍也不能把他们的教义完全学到手，即使到了壮年，也不能完全搞清他们的礼数，积聚再多的钱财，也不足以供给他们搞礼乐的费用。把礼仪搞得很复杂，装点歪门邪道，以此来蛊惑当世的君主，把音乐搞得很隆盛，以此来迷惑百姓。他们的学说，不可以用来垂范世人，他们的教义，不能用来教导百姓向善。现在您打算封赏他，用他的那一套来改变齐国的风俗，实在不是用来引导民众向善、熏陶百姓的方法。"

齐景公说："说得好。"于是赠给孔子厚重的礼物，但没有封赏他土地，礼貌周到地会见了他，没有请教他的学说，孔子于是就离开了齐国。

路寝闻哭

齐景公登上路寝台，听到有哭声，说："我好像听到哭声，是怎么一回事呢？"

梁丘据回答说："是鲁国孔丘的学生鞠语在哭。鞠语通晓礼仪音乐，详知服丧的制度，他的母亲死了，很隆重地入葬，守孝三年，哭得极为悲痛。"

齐景公说："这难道不好吗！"脸上流露出赞许的神色。

晏婴说："古代的圣人，并不是不知道可以把上下、尊卑、进退的礼仪搞得很繁复，制定严格的仪节，作为行事的表率，以此来教化民众，而是认为这样做烦扰人，耗费时间，所以制定礼仪便于行事就行了；不是不知道可以用音乐舞蹈来鼓励百姓，是认为这样做耗费钱财耽误人力，所以制作音乐只要使百姓和谐就行了；不是不会耗损世代的积累，用尽国家的财富来供奉死者，长时间哭泣守丧，之所以不这样做，是知道这样的做法对死去的人没有好处，对活着的人却有很大的害处，所以不用这样的做法来引导百姓。现在众人把礼仪搞得很浮华，把事情搞得很烦扰，使音乐搞得过了头，惑乱民心，尊崇死去的人，使活着的人受到伤害，这三件事情是圣明的君主所禁止的。贤德的人不被任用，勤俭的美德沦丧，奢侈的风俗流传，所以这三种邪僻的行为得以在世上通行。是与非、贤与不肖相互混杂，君主不明事理，赞许这种邪僻的做法，所以君主的喜好与厌恶都失去了准则，不能用来引导百姓。这三件事情，是使国家衰落的政治，使事情败坏的教令。君主为什么不详察，听到了哭声就流露出赞许的神色呢？"

孔子的误解

孔子到齐国去，拜见了齐景公却没有会见晏婴。子贡说："拜见君主却不会见他的执政人，可以吗？"孔子说："我听说晏婴侍奉三位君主都能顺从，我怀疑他的为人。"

晏婴听到这话以后，说："我是齐国的世代平民，不能保持自己的品行，不能认识到自己的过错，就无法在世上有所成就。我听说，幸运的话就会得到宠爱，不幸运的话就会遭到厌恶，责难与赞誉本来就相类同而存在，声音与回声本来就相互应和，看到有什么样的行为什么样的评价就会随之而来。我听说，用一心来侍奉三位君主，才能顺利；用三心侍奉一位君主，就不会顺利。现在没有看到我的行为如何，就指责我能顺利地侍奉三位君主。我听说，君子独自站立的时候，对自己的身影不感到惭愧，独自睡眠的时候，对自己的灵魂不感到惭愧。孔子被人拔掉大树后被迫离开，自己不认为受到了侮辱；在陈国、蔡国之间绝粮七日，自己不认为窘困。不明白事情的原委就非难别人，这就像居住在水泽边的人指责刀斧没有用处一样，就像居住在山上的人指责渔网没有用处一样。话从口中说出来，却不知道这样很难自圆其说。原本我看到儒者非常尊重他们，现在我看到儒者不免要怀疑他们了。"

孔子听到晏婴的话以后，说："俗话说：'在近处说出口的话，不能禁止它传播到远处而追回；自身的行为，无法在众人面前掩藏起来。我私下议论晏婴的过失但不恰当，我不是有罪过了吗！我听说君子超过别人就把别人当作朋友，不及别人就把别人当作老师。现在我对晏婴说错了话，他讥讽我，他就是我的老师。"于是派宰我去向晏婴表示歉意，然后孔子就去会见晏婴。

孔子不及舜

晏婴

齐景公出去打猎，天气寒冷，所以停下来取暖，回头问晏婴说："人如此众多，其中有像孔子一样的人吗？"

晏婴回答说："像孔子一样的人我知道没有，至于像舜一样的人有没有，我就不知道了。"

齐景公说："孔子是与舜有差别，但是为什么说'像孔子一样的人我知道没有，像舜一样的人有没有，我就不知道了'呢？"

晏婴回答说："这就是孔子之所以不及舜的原因了。孔子做事偏于一端，他身处平民当中，还能看出他的过失，何况身处君子当中呢！舜身处百姓当中，就能使自己与平民一样；身处君子当中，就与君子一样；再上与圣人在一起，本来就在圣人之列。这就是孔子之所以不及舜的原因。"

仲尼相鲁

孔子当鲁国的相，齐景公对此很担忧，对晏婴说："邻国有圣明的人，这是敌对国家的忧患。现在孔子当了鲁国的相，怎么办呢？"

晏婴回答说："君主用不着忧虑。那鲁国的君主，是个昏庸软弱的君主；孔子，是才德智能很高的国相。君主不如暗地里假装尊崇孔子，假说许他做齐国的相，孔子如果极力劝谏鲁国君主而不被采纳，一定会看不上鲁国君主而到齐国来，到时君主不要接纳他。这样，既断绝了与鲁国的关系，在齐国又找不到依靠，孔子一定会困窘了。"

过了一年，孔子离开鲁国到齐国来，齐景公没有接纳，所以就有了孔子被困在陈国、蔡国之间的事。

晏子评孔子